国网河南省电力公司
"电网一张图"
基础知识及应用

国网河南省电力公司信息通信分公司　组编

中国电力出版社
CHINA ELECTRIC POWER PRESS

内 容 提 要

本书依据多年应用"电网一张图"系统的丰富经验,从多个维度展开详述,全面介绍系统的功能效果与使用方法,旨在帮助用户深入了解系统架构与功能。在系统架构方面,涵盖静态、动态及多维多态层面,深入剖析其内在逻辑与原理。基础知识板块则着重阐述各项功能的实际效果。此外,书中还精心呈现优秀应用案例,通过实际场景展现系统价值。最后本书对该系统未来发展展开规划,为读者勾勒出"电网一张图"系统的广阔前景。

本书可供"电网一张图"用户、管理人员及相关技术人员使用。

图书在版编目(CIP)数据

国网河南省电力公司"电网一张图"基础知识及应用 /
国网河南省电力公司信息通信分公司组编. -- 北京:中
国电力出版社,2025. 7. -- ISBN 978-7-5239-0172-4

Ⅰ. F426.61

中国国家版本馆 CIP 数据核字第 2025PE3340 号

出版发行:中国电力出版社
地　　址:北京市东城区北京站西街 19 号(邮政编码 100005)
网　　址:http://www.cepp.sgcc.com.cn
责任编辑:王　南(010-63412876)
责任校对:黄　蓓　王海南
装帧设计:郝晓燕
责任印制:石　雷

印　　刷:三河市万龙印装有限公司
版　　次:2025 年 7 月第一版
印　　次:2025 年 7 月北京第一次印刷
开　　本:710 毫米 ×1000 毫米　16 开本
印　　张:10
字　　数:126 千字
定　　价:88.00 元

国网河南省电力公司"电网一张图"基础知识及应用

编委会

主　　任	陈　涛　郝福忠	
副 主 任	宋宁希　李文萃　常大泳　陈　军	
委　　员	党芳芳　桂　丹　远　方　刘伯宇　李　东	
	王心妍　邢子涯　高晓峰　刘　玮　王昱清	
	郭剑黎　夏中原　吴　博　张　龙　李丰君	

编写组

主　　编	远　方　赵　曜	
副 主 编	党芳芳　李　东　刘伯宇　王心妍　王沈亮	
	李　伟	
参　　编	王军义　贾静丽　王淑慧　王　浩　朱　莹	
	张兰云　胡　岸　张　静　宁永杰　冯　肖	
	孟昭泰　郭　亚　郑腾霄　张向伍　杨　扬	
	王晨旭　刘怡晴　夏晨阳　林瑞峰　孟慧平	
	贾海峰　王昱清　鲍　薇　李　哲　李亚男	
	孔祥晨　刘　昊　李苗苗　袁少光　李洁雯	
	梁　允　柯佳颖　田闽哲　鲍全军　赵嘉鹏	
	崔玉莹　唐伟侠　侯耀峰　陈成涛　申高林	
	赵鹏鸽	

前　言

随着国家电网有限公司（简称国家电网公司）数字化转型的深入推进，构建以数字技术为驱动的新型电力系统为公司发展的核心目标。"电网一张图"作为实体电网在数字空间精准映射的重要载体，是实现电网全要素数字化和全景可视化的关键支撑。国家电网公司以数字化建设为切入点，全力打造"数据统一汇聚、全局共享、标准开放、灵活构建"的"电网一张图"应用体系，形成"数据实、平台强、应用活"的支撑能力，为新型电力系统建设提供核心驱动力。

国网河南省电力公司积极响应国家电网公司战略部署，全力推进"电网一张图"建设。目前，已全面建成静态一张图与动态一张图，并稳步推进多维多态一张图的建设，为跨专业融合应用奠定了坚实基础。国网河南省电力公司基于"电网一张图"，深度挖掘数据价值，支撑省电力公司打造供电方案辅助编制、光缆一张图、分布式光伏全过程数字化管控等典型应用场景，为发展、安监、设备、营销等专业提供高效、精准的可视化图形支撑，推动电网管理从"经验驱动"向"数据驱动"转变，显著提升电网精益化管理水平和智能决策能力。

为加快推进数字化和智能化电网建设进程，助力新型电力系统构建，全面提升全省信息专业人员技术能力，国网河南省电力公司组织专家团队精心编写了《国网河南省电力公司"电网一张图"基础知识及应用》。该书系统提炼了"电网一张图"核心系统架构与功能模块，详细阐释系统操作规范，助力电力信息专业人员快速掌握系统使用方法，全面提升理论水平和实践能力。为构建新型电力系统、推动能源行业高质量发展提供坚实的理论支撑与技术支持。

本书在编撰过程中力求严谨细致，但由于时间仓促与编者学识之限，疏漏或错误之处恐难尽免，恳请广大读者不吝赐教，提出宝贵意见。

编者

2025 年 6 月

目　录

1 "电网一张图"概述

 ## 1.1 背景

"电网一张图"是支撑电网网架管理、应急抢修指挥、故障综合研判、停电分析到户等应用的核心基础，也是新一代设备资产精益管理系统（PMS3.0）各类图形展示、分析应用的统一平台。前期，"电网一张图"存在模型标准不统一、数据分散维护、静动态数据不融合等问题，未形成完整有效的电网网架，无法反映电网实时运行状态，对电网环境影响的感知能力不足。

伴随PMS3.0建设的推进，着力打造覆盖源网荷储的全环节电网要素平台，构建同源维护实现基础电网数据一头维护，多端共享，整合气象、量测中心平台优势，并在此基础上构建标准服务，形成"业务一条线、数据一个源、电网一张图"的技术路线，全方位构建电网资源业务中台，完成"覆盖发—输—变—配—用—新"的静态电网一张图。实时获取开关动作、电网负荷、运行工况、故障跳闸等数据，接入物联装备采集数据，并融合电网设备缺陷、运行、检修等作业数据，打造"动态电网一张图"，实现设备状态全息感知。

1.2 建设里程碑

2020 年 6 月，启动电网资源业务中台建设，完成电网资源业务中台资源、资产、图形、拓扑等 14 个服务中心部署，累计沉淀 591 项共性服务，为"电网一张图"建设工作奠定基础。

2021 年 9 月，同源维护应用建设启动，完成系统部署实施，实现与营销、PMS2.0、GIS2.0 等 9 套核心业务系统集成改造。

2021 年 12 月，完成同源维护在济源公司的试点上线。

2022 年 5 月，启动河南"电网一张图"建设工作，完成"电网一张图"服务部署。

2022 年 6 月，完成电网资源业务中台系统上线试运行，实现同源维护全省单轨切换上线。

2022 年 7 月，初步完成"静态电网一张图"建设，实现 0.4～1000kV 全电压等级设备全覆盖。

2022 年 8 月，启动企业级量测中心建设，实时汇聚电网各环节电、非电采集量测数据。

2022 年 11 月，依托同源维护工具，完成全省输、变、配、直、低压各专业数据治理，提升"电网一张图"数据质量，为"静态电网一张图"建设奠定了坚实的数据基础，全面推进一张图应用实用化。

2022 年 12 月，企业级量测中心初步建设完成，实现了电网运行数据的全景感知与实时监控，为构建"动态电网一张图"奠定了坚实的数据基础。

2023 年 2 月，完成"动态电网一张图"建设，在企业级量测中心的建设成果上完成动态数据在一张图网架上的精准叠加，实现设备状态全息感知。同时构建全网动态拓扑，开展停电研判、动态图模等动态拓扑分析，支撑配网故障抢修、设备状态监测等应用场景建设。

2023年7月，启动"多维电网一张图"建设，完成统一视频平台测点视频在电网一张图的叠加展示。

2024年6月，初步完成"多维电网一张图"建设，实现新能源数据在"电网一张图"的叠加展示，完成"源网荷储"设备的全元素纳管、全拓扑联通、全数据同源的数字形态电网网架。

2024年12月，初步实现"电网一张图"规模化应用，实现光缆一张图、小区7级地址停复电等场景的应用，支撑TMS2.0、营销集约管控等平台进行图上指挥，图上管控。

2025年1月，启动"多态电网一张图"建设，积极开展配网"一图四态"建设，探索规建运一体化流程。基于"电网一张图"，贯通发展部、设备部等部门，实现工程管理、数据交互的在线协同，对配网规划、设计、建设、运行态电网进行精准呈现，以数字化的手段，赋能公司数智化坚强电网建设。

 ## 1.3 "电网一张图"建设成果

"电网一张图"将电网图形、设备台账、地理信息等静态数据，调度、用采、配自、环境、气象等动态数据，运维检修等业务数据融合贯通，以图形化、可视化方式实现一张图全景展示，一张网拓扑分析，实现电网网架精准管理，设备状态全息感知。结合业务应用场景，构建设备管理一张图应用支撑能力，基于孪生数据基础，采用共建、共享的理念，通过组件化技术，快速响应上层业务需求，降低图形化开发门槛，为发展、安监、设备、营销等专业的企业级应用打造电网可视化图形平台，有效支撑各专业核心应用场景的图上指挥、图上作业、图上管控，管理和分析决策。主要成果如下：

（1）建成"静态电网一张图"。基于"电网一张图"数据校核规则，结合现场业务作业、移动采录等应用持续开展数实一致性数据治理工作，数据准确性常态化保持在 99.98% 以上，实现 1000kV 特高压至 400V 低压表箱全电压等级的静态网架展示，全面建成"静态电网一张图"，实现静态一张网平滑浏览、多形态图形展示、设备信息全面查询。在此基础上为三方应用提供静态网架、单线图、专题图、空间分析、坐标、图形台账等全方位的静态一张图服务。

（2）建成"动态电网一张图"。在企业级量测中心的建设成果上，全面建成动态"电网一张图"，完成电网一张图主配网设备与量测数据的对应关系一致性，实现母线、主变压器、输电线路、断路器、负荷开关、配电变压器等设备的电流、电压、有功、无功等数据的精准展示。截至目前动态电网一张图主要展示电厂及站内设备、变电站及站内设备、配电线路及配网设备、低压用户等的量测数据。在此基础上为三方应用提供调度、用电采集、配网自动化及负载率计算、停电研判等全方位的静态一张图服务。

（3）建成"多维电网一张图"。构建气象、视频、光缆、小区图层上图展示，其中气象包括气象环境融合展示、气象推演融合展示、气象影响范围分析等基础能力，支撑气象对电网运行、电网作业、电网设备的影响分析等场景应用。视频包括建立视频流与设备测点、空间位置的关联关系，接收人工智能识别结果，构建视频接入和展示、实时视频调阅基础能力，支撑现场辅助勘察、作业现场督查、设备隐患预警展示等场景应用。

（4）"多态电网一张图"建设。打通电网规划、工程设计、工程建设、竣工投运四大环节。在规划、设计阶段，"电网一张图"提供在运电网的静态、动态、多维数据一体化融合电网数据，支撑规划、设计高效开展，提升设计规划合理性、可靠性。在建设阶段，实时比对设计态电网与建设进展关联度，促进工程建设规范化。在竣工投运阶段，核实投运电网与设计、建设态电网的一致性，提升图数实一致性，实现图形数据在线管理、台账资料作业伴生，提升基层工作质效，促进发展、设备、基建等专业数据融合共享，推动公司跨部门协同能力提升。

（5）"电网一张图"的规模化应用。国网河南省电力公司持续聚焦核心业务和关键领域，拓展"电网一张图"数据接入，实现业务场景基于"电网一张图"的规模化应用，切实发挥"电网一张图"在赋能数字化和智能化坚强电网建设基础平台的重要作用。目前已完成新一代应急、新型电力负荷管理、供电服务、营销2.0、网上电网、配电资源可视化展示、濮阳输电线路防外破等29套平台及应用的一张图融合改造工作，省侧14个，地市16个。其中，商丘公司光缆一张图被纳入2024年全网推广应用工作中。

（6）开放能力平台，为实现各专业、各层级用户基于"电网一张图"开展业务活动，持续推进"电网一张图"规模化应用，基于"应用商店、千人千面、权限管理"三个核心功能，全力打造"一个门户"，在业务层面，通过应用商店实现全域业务场景统一纳管；在用户层面，通过同一业务场景下不同用户的自助式场景定制，实现用户工作界面的千人千面；在管控层面，通过权限管理实现基于人员、组织下的应用访问权限、数据分层分级访问权限的统一管理。支持对外发布"电网一张图"SDK、"电网一张图"API接口规范手册。提供服务线上一站式申请、审批、授权，极大降低应用开发门槛，提供在线测试用例，支持三方应用的在线调试。

（7）"电网一张图"数据治理，持续夯实"电网一张图"基础数据质量，从图数一致性、台账规范性、图形规范性、拓扑连通性等方面持续开展数据校核治理工作，实现主配网、低压全电压等级数据准确性常态化保持在99.98%以上。同时结合同源维护移动端工具—移动采录，无人机数据治理等手段，不断提升"电网一张图"数据数实一致性，赋能"电网一张图"规模化、实用化应用，全面支撑国网河南省电力公司核心业务的用图作业、用图服务、用图指挥、用图管控。

（8）搭建"电网一张图"运营机制，形成服务运营流程，便于跨部门、跨系统的服务调用。一张图运营以"共享赋能业务、技术支持全省、服务触达基层"为定位，实现省、市两级协同运营；建立企业级需求统筹协同机制；提升运营量化分析能力，挖掘数据价值；完善一张图运营支撑工具，高效释放一张图建设价值，赋能业务应用水平提升。通过运营工作的开展，推动公司中台化战略落地，助力数字化转型。

"电网一张图"作为数字化转型中的基础平台，横向覆盖"发—输—变—配—用"全资源，构建了涵盖1000kV特高压至400V低压的全景可视化电网网架，同步拓展对新型电力系统"源—网—荷—储"电厂、电缆设施、光缆等元素接入及图层建设，实现源网荷储全环节要素同图纳管。通过融合电网网架、运行状态、设备参数、环境要素、业务活动、地理地图等信息，实现设备电流、电压、功率等34类运行示值的精准展示。融合气象图层、视频、三维、小区、设备质量、作业图层，打造"时间—空间—状态"多维度、多时态特征的电网全景视图。构建"静态＋动态＋多维多态"共性服务能力和丰富的灵活扩展、开放共享开放生态，支撑全专业业务系统"同图应用"。"电网一张图"业务架构如图1-1所示。

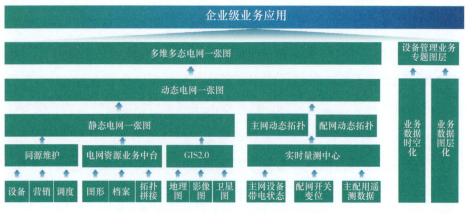

▲ 图1-1 "电网一张图"业务架构

1.4 "电网一张图"服务能力

"电网一张图"开放平台基于企业级图形应用相关共性需求,打造"电网一张图"共享能力开放平台,以 SDK 开发工具包形式提供 11 项图形标准、159 个图形应用组件,支撑各专业应用快速构建、敏捷迭代,同时提供开发文档、在线示例、技术论坛等帮助文档,辅助开发人员参考。当前基于"电网一张图"完善和开发应用场景 66 个,支撑新一代应急、生产管控平台、营销 2.0 等企业级平台应用建设。其中静态一张图提供基础地图、电网沿布图、电网专题图、管理网格、空间分析、拓扑分析等能力,动态一张图提供电网总览、视频、量测、开关变位、故障跳闸、运行曲线、环境气象等能力,移动端能力提供设备查询、设备卡片、地图工具、路线规划等能力,多维多态一张图提供电网总览、光伏规模统计、需求响应规模统计、电厂规模统计等能力。"电网一张图"开放平台能力如图 1-2 所示。

▲ 图 1-2 "电网一张图"开放平台能力

2 基础知识

2.1 "静态电网一张图"建设

"静态电网一张图"建设方面，基于电网资源业务中台模型统一、数据汇聚、同源维护、服务开放能力，协同数据中台、GIS 平台等企业中台能力，构建涵盖发—输—变—配—用的"静态电网一张图"，结合不同业务场景，采用多图联动技术，实现系统图、专题图、麻点图、麻数图、热力图、潮流动画等丰富多样的图形展示。实现 0.4～1000kV 电压等级设备全覆盖，完成省侧 35kV 及以上静态网架与国家电网公司总部"电网一张图"数据两级贯通，支撑总部下钻穿透查询配网网架。汇聚公司发展、调度、设备、营销、数字化等专业数据，接入电网资源业务中台作业中心服务，完成巡视、检修、检测、两票、缺陷、隐患、故障、抢修 8 类作业资源汇聚"电网一张图"电网类要素汇聚，推进中台服务可视化开放共享，提升中台价值。

2.1.1 输电规模统计

1. 功能描述

输电规模统计实现按电压等级和运维单位统计直流线路、交流线路回数和长度，默认按单位汇聚展示。国网河南省电力公司"电网一张图"已接入 35～1000kV 线路共计 6000 余回。图形数据来源于同源维护。

2.操作步骤

（1）**默认展示**。进入输电规模统计功能，右侧卡片默认展示河南省全省的输电规模统计信息及数据图表，其中涵盖线路总数、杆塔总数、线路总长度等数据，以及架空设备规模统计和电缆设备规模统计的柱状图。如需改变沿布图上显示数据的类型，选中线路总数、杆塔总数、线路总长度上的数字即可。若想切换至对应的设备柱状图，选中"架空设备规模统计"图右侧的回数、长度、杆塔，"电缆设备规模统计"图右侧的回数、长度、附件。

（2）**统计范围选取**。通过选择不同的地市单位，可查不同单位的输电规模统计。此外，还能选择现地级市所属的县级市或区域，进一步细化统计范围。输电规模统计如图2-1所示。

▲ 图2-1 输电规模统计

柱状图下钻列表，进入地级市或县市级的统计维度时，选中设备面板中的"架空设备规模统计"或"电缆设备规模统计"柱状图，系统将展示与之对应的设备列表。选中列表中的任意设备，沿布图会自动定位至该设备所在位置。在右侧，还可以通过选择电压等级、假设方式，进行精准定位。输电线路列表如图 2-2 所示。

▲ 图 2-2　输电线路列表

选中某条输电线路，弹出设备卡片，通过"查看详情"按钮查看该条线路的台账信息。输电线路台账如图 2-3 所示。

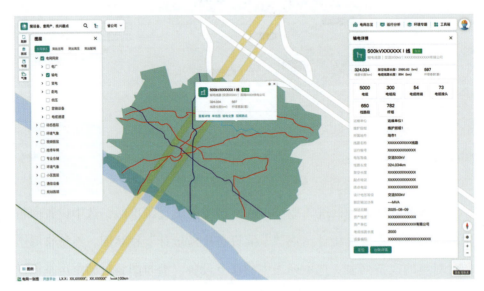

▲ 图 2-3　输电线路台账

2.1.2 变电规模统计

1. 功能描述

变电规模统计实现变电站、换流站、开关站等站房数量统计，按单位汇聚展示变压器总容量、电抗器、断路器等变电设备数量。国网河南省电力公司已接入 35～1000kV 共计 3000 余座变电站（含开关站、串补站），总容量为 39 万余 MVA，主变压器 6000 余座。图形数据来源于同源维护。

2. 操作步骤

（1）**默认展示**。进入变电规模统计功能，右侧卡片默认展示河南省全省的变电规模统计信息及数据图表，其中包含交电流互感器电站数、主变压器数、总容量等数据，以及"设备规模统计"柱状图。

若要改变沿布图上显示数据的类型，只需选中交流变电站数、主变压器数、总容量的数字即可。将鼠标移动至沿布图中的地级市名称上时，会自动显示出该地级市不同电压等级的变电站数据量。另外，选中"设备规模统计"的（变电站、主变压器、容量），切换至对应的设备柱状图。变电规模统计如图 2-4 所示。

（2）**统计范围选取**。在展示变电规模统计信息的卡片上方，通过下拉框，即可从下拉选项中选择河南省内的任意地级市，展示所选地级市范围内的变电规模统计信息及数据图表。此外，还能进一步选择当前地级市所管辖的县级市或区域，以便查看更细化的统计数据。

（3）**柱状图下钻列表**。当已进入地级市的统计范围后，在卡片中的"设备规模统计"柱状图里，点击不同电压等级的柱形，展示出与之对应的配电线路列表。选中列表内的设备，沿布图会自动定位到该设备的位置。通过勾选可以电压等级、单位、设备类型，可以展示选择范围内的设备。主变压器列表如图 2-5 所示。

▲ 图 2-4　变电规模统计

▲ 图 2-5　主变压器列表

选中某座变电站，弹出设备卡片，通过"查看详情"查看该变电站的台账信息。变电站台账如图 2-6 所示。

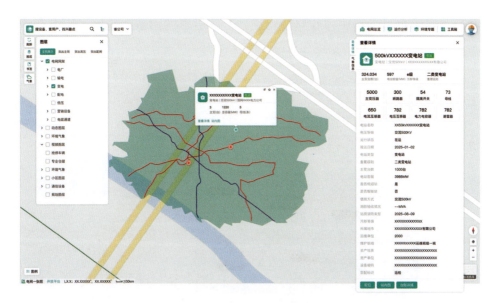

▲ 图 2-6　变电站台账

2.1.3　配电规模统计

1. 功能描述

配电规模统计按营销、设备类型的数量展示，线路类型按架空线路、电缆线路、混合线路展示，线路规模按回数和长度展示。已接入 6~10kV 的配电线路共计 20000 余回，线路总长度 320000 余 km。其中架空线路 1000 余回，电缆线路 4000 余回，混合线路 10000 余回，架空线路长度 40000 余 km，电缆线路长度 10000 余 km，混合线路长度 200000 余 km。图形数据来源于同源维护。

2. 操作步骤

（1）默认展示。配电规模统计功能，右侧卡片默认展示河南省全省的配电规模统计信息及数据图表，涵盖线路总回数、线路总长度、变压器数量等数据，以及线路分布统计、变压器分布统计的柱状图。

鼠标移至沿布图中的地级市名称上，显示该地级市所辖的 10、6kV 配电线路回路数量。选中"线路分布统计"图右侧的回数、长度，切换至对应的设备柱状图。配电规模统计如图 2-7 所示。

▲ 图 2-7　配电规模统计

（2）**统计范围选取**。在展示配电规模统计信息的卡片上方，选中（统计范围），可以选择运维单位，展示所选地级市范围内的配电规模统计信息及数据图表。此外，再次点击（统计范围）单选框，可选择当前地级市所管辖的县级市或区域，查看更细化的统计数据。

（3）**柱状图下钻列表**。当进入地级市的统计范围后，在卡片的"线路分布统计"或"变压器分布统计"柱状图中，选中相应电压等级的柱形，展示对应的下钻列表。选中列表内的设备，沿布图会自动定位到该设备。可以通过勾选切换或多选电压等级，在下钻列表中展示对应电压等级的设备，方便精准查看相关信息。配电设备列表如图 2-8 所示。

选中某条配电线路，弹出设备卡片，通过"查看详情"按钮查看该条线路的台账信息。配电线路台账如图 2-9 所示。

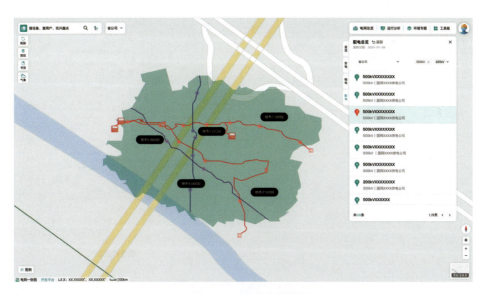

▲ 图 2-8　配电设备列表

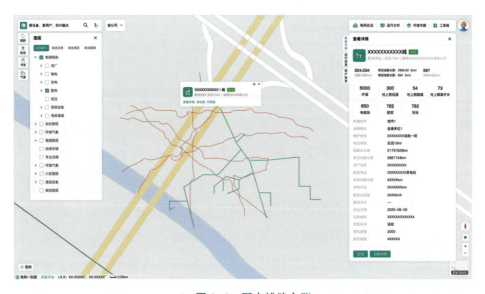

▲ 图 2-9　配电线路台账

　　选中某台配电变压器，弹出设备卡片，通过"查看详情"按钮查看该条线路的台账信息。配电线路台账如图 2-10 所示。

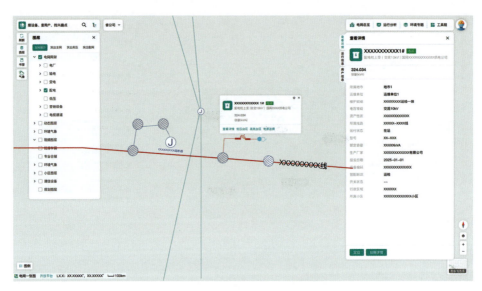

▲ 图 2–10　配电柱上变—基础台账

2.1.4　直流规模统计

1. 功能描述

直流规模统计实现按电压等级统计换流站、换流变等设备数量。国网河南省电力公司"电网一张图"已接入换流站 2 座，换流变 70 余台，总容量为 20000 余 MVA。图形数据来源于同源维护。

2. 操作步骤

（1）**默认展示**。直流规模统计功能，右侧卡片默认展示河南省全省的直流规模统计信息及数据图表，其中包含"换流站""换流变""容量"等数据，以及"设备规模统计"柱状图。当鼠标移动到沿布图中的直流中心名称上，会显示出该单位所辖不同电压等级的直流站。通过"设备规模统计"图的换流站、换流变、容量，便可切换至对应的设备柱状图。直流规模统计如图 2–11 所示。

（2）**统计范围选取**。通过"统计范围"筛选框，可以在下拉选项里选

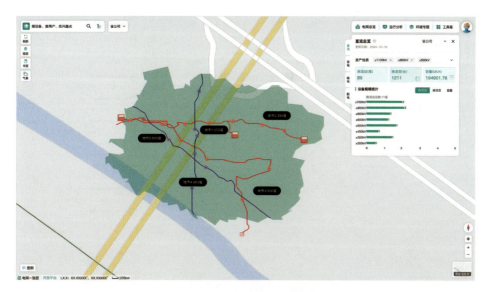

▲ 图 2-11 直流规模统计

择该省的地级市，展示所选地级市范围内的直流规模统计信息及数据图表。再次选中"统计范围"筛选框，可以选择当前地级市所管辖的县级市或区域，以便查看更详细的统计数据。

（3）**柱状图下钻列表**。当进入地级市的统计范围后，在卡片的"设备规模统计"柱状图中，选中不同的直流电压等级，会跳转到选择的电压等级页面，展示。选中列表内的设备，沿布图自动定位到该设备。可以通过勾选来切换或多选电压等级，在下钻列表中展示对应电压等级的设备，便于精准查看相关信息。直流列表如图 2-12 所示。

2.1.5　电厂规模统计

1. 功能描述

国网河南省电力公司"电网一张图"在前期"输—变—配—用"建设体系的基础上，已进一步扩展至电厂、新能源场站等设备的纳管，实现风电、水电、核电、光伏、储能、抽水蓄能、潮汐发电 8 类电厂上图，实现了电

▲ 图 2-12　直流列表

网全要素运行状态实时展现。

　　在网省层级页面，展示全省电厂数量和出力的聚合分布图，在地市层级页面，展示电厂的打点标记分布并按电厂类型、电压等级和电厂所属地市来统计不同维度下的电厂数量，且支持查看单独电厂的台账，点击可定位到地理图上。电厂数据来源于网上电网调控云。

2. 操作步骤

　　（1）**默认展示**。在电厂规模统计功能中，默认呈现省份电厂聚合分布图；右侧面板展示全省电厂统计详情，包括全省电厂数量以及电厂出力。统计面板右侧的行政区域，默认显示当前用户所在行政组织。电厂规模统计如图 2-13 所示。

　　（2）**电厂总数统计**。

　　1）电厂总数统计区域分为"上、中、下"三个部分，上方部分为电厂数量统计，中间部分是电厂电压等级规模统计，下方部分是电厂类型规模统计。

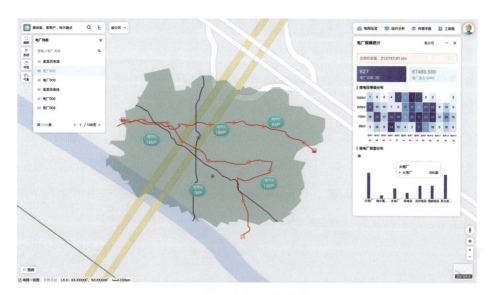

▲ 图 2-13　电厂规模统计

2）最上方展示电厂规模统计的标题，标题右侧显示当前组织机构名称。中间区域展示当前组织机构层级下电厂的总装机容量；下部左侧展示当前组织机构层级下电厂的总数量，右侧展示该层级下的总出力统计。

3）中部电压等级与地市统计：中部规模统计从电压等级和地市两个维度对电厂数量进行统计，通过不同颜色深浅直观表示电厂数量的多少。其中，横坐标代表地市，在地市下方标注该地市的电厂数量；纵坐标展示电压等级，在横坐标与纵坐标的交汇处，展示该地市下对应电压等级的电厂数量。选中此处，自动定位到地理图上，并对相应电厂进行打点标记。

4）下部电厂类型统计：下方区域展示按电厂类型统计的电厂数量，横坐标为地市，纵坐标表示数量，在横纵坐标交汇处展示该电厂类型的数量。点击柱状图，系统会在地理图上对该类型的电厂进行打点，方便查看其分布情况。

（3）电厂出力统计。

1）关键数据展示：最上部展示当前组织机构层级下电厂的总装机容量；

下部左侧展示电厂的总数量；右侧展示该层级下的总出力统计数据，关键信息一目了然，方便用户快速了解整体情况。

2）中部总出力曲线：中部区域是电厂出力规模统计总览，默认展示今日河南省组织机构下电厂的总出力曲线。横坐标以 4h 为一个刻度，清晰展示时间变化；纵坐标以 MW 为单位，展示电厂出力数值。用户可选择查看昨日、今日、近 7 日的曲线。昨日曲线横坐标和今日一致，以 4h 为周期；近 7 日曲线则以 7 日的日期为刻度，日期处的出力值为当日零点数据。当鼠标悬浮在曲线上，会展示鼠标所在时间点的出力值，便于用户精准掌握数据。

3）下部各类电厂出力曲线：下部曲线按电厂类型默认展示今日各类电厂的出力曲线，横纵坐标设置与中部总出力曲线一致，单位为 MW。提供昨日、今日、近 7 日曲线的切换选项。当鼠标悬浮时，会以列表形式展示当前时间点各类电厂的出力值，电厂类型前端颜色与曲线颜色一一对应，方便用户区分，电厂类型名称后面紧跟出力值，直观呈现各类型电厂的出力情况。

（4）电厂详情展示。

用户使用一张图电厂规模统计功能时，在地理图上选中聚合点，可下钻到电厂打点界面，进一步细化查看电厂分布。选中对应电厂后，会弹出设备卡片，展示该电厂的详细设备信息，方便用户深入了解单个电厂的情况。电场分布如图 2-14 所示，电厂台账如图 2-15 所示。

2.1.6 光伏规模统计

1. 功能描述

基于电网资源业务中台，依托企业级量测中心，完成中压光伏用户与低压光伏用户上图标识，实现在图上拓扑查询、接入按地域、电压等级等查询光伏数量，并在沿布图展示，进一步查询光伏用户的设备台账等信息。

▲ 图 2-14　电厂分布图

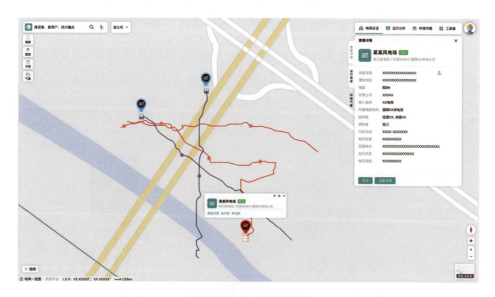

▲ 图 2-15　电厂台账

帮助用户深入了解光伏系统的拓扑结构、数量统计、光伏分布情况和光伏户的详细设备信息，从而优化新能源管理。

当前共计接入 100 万余户光伏用户，总合同容量为 3 万余 MVA。其中中压光伏数为 4000 余户，合同总量为 3000 余 MVA，低压光伏数为 100 万余户，合同总量为 3 万 MVA。并按照用户上网类型将用户分为全量上网、余量上网、自发自用，同时支持根据用户类型统计用户数量和合同容量。并查看光伏用户的详情信息和运行信息数据。用户数据来自营销 2.0，光伏出力数据来自企业级量测中心。

2. 操作步骤

（1）分布式光伏统计查看。

进入"分布式光伏规模统计"功能，页面展示区域分为沿布图和右侧统计面板。右侧统计面板又细分为三个部分：上部分呈现全省光伏用户数量及合同容量分类统计；中间部分通过柱状统计图展示全省各地市光伏用户数量和合同容量；下部分则是以曲线统计图展示全省及各地市中压光伏出力情况。值得注意的是，当在上部分进行光伏类型切换时，中、下部分的统计区域会随之联动，展示对应类型的统计数据。沿布图默认展示地市中压光伏设备分布打点，左侧展示中压光伏用户列表。光伏规模统计如图 2-16 所示。

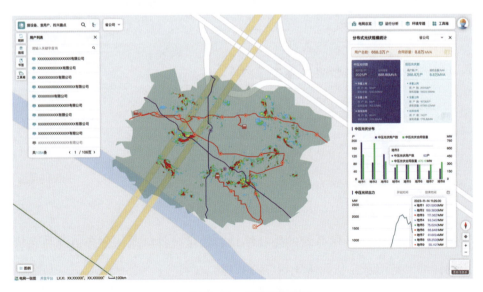

▲ 图 2-16 光伏规模统计

1）各类光伏统计数量交互。

a. 默认展示：进入页面后，默认展示中压光伏用户数（户），此时中压光伏数色块区域显示为蓝色，左侧展示全省中压光伏用户列表，沿布图展示全省中压光伏分布热力图，直观呈现中压光伏的分布情况。

b. 低压光伏切换：当鼠标点击低压光伏数色块，低压光伏色块区域变为绿色，中压色块区域则变为浅蓝色，同时左侧中压用户列表关闭，展示全省低压用户列表，沿布图切换展示全省低压光伏用户分布热力图，方便用户查看低压光伏的分布。

c. 合同容量查看：通过中、低合同容量数字，该区域变为选中状态，左侧弹出对应用户列表，地图展示省各地市对应类型光伏合同容量聚合图，帮助用户从合同容量维度了解光伏分布情况。

2）按地市统计光伏数量。

a. 中压光伏分布：在中压光伏分布统计图中，X轴展示对应网省各地市的简称，便于快速识别不同地区。左侧Y轴代表接入用户数量，单位为（户），其步值会依据当前统计数量的最大值进行自适应调整，确保数据展示清晰合理；右侧Y轴表示接入用户合同容量，单位为MVA（MVA），同样步值根据当前统计数量最大值自适应。统计图上方配有清晰的图例，方便用户理解图表元素。当鼠标悬浮于柱状图形上时，会弹出对应浮窗，展示详细信息；选中地市柱状图形，系统将自动跳转至对应地市的统计页面，方便用户深入查看具体数据。用户还可通过拖动下方滚动轴，使统计图表的X轴滚动，而Y轴仅进行步值自适应，保持数据展示的稳定性和准确性。

b. 低压光伏分布：当页面上部分的光伏统计类型切换为低压时，统计图会联动切换为低压光伏分布统计，展示全省各地市低压光伏用户及合同容量统计图。其交互方式与中压光伏分布统计图一致，即X轴展示各地市简称，左右两侧Y轴分别代表低压光伏接入用户数量（单位：户）和合同容量（单位：MVA，MVA），且步值均自适应；鼠标悬浮和选中柱状图的操作效果相同，也可通过拖动滚动轴控制 X 轴滚动，Y 轴步值自适应，为用户提供统一且便捷的操作体验。

3）光伏出力统计图表。

a.默认展示：进入光伏出力统计界面，默认展示当日中压光伏出力情况。X 轴以整点时刻为刻度，步值设定为 2h，清晰呈现时间变化；Y 轴代表当日光伏出力功率，单位为 MW。不同颜色的曲线分别对应全河南省以及各地市，使数据区分一目了然。当鼠标悬浮在时间轴上时，会即刻弹出浮窗，精准展示全河南省及各地市光伏在该时刻的出力数值，方便用户快速获取关键信息。

b.图例与时间选择操作：在界面右上角，设有图例和时间选择控件。选中图例，用户可自主选择隐藏或显示网省和地市曲线，满足不同的查看需求。通过时间选择控件，能够展示当日之前（包含当日）最长 7 日的光伏出力数据，帮助用户进行历史数据对比与分析，全面了解光伏出力的变化趋势。

4）光伏用户列表。

用户在进行光伏用户信息查看时，可在右侧统计面板中选择中、低压统计维度。系统通过用户信息查询服务，快速检索光伏用户台账，并在左侧列表区域展示。该列表界面分为上下两部分，上半部分为搜索框，由文本输入框和搜索类型下拉单选框组成，搜索类型默认设置为用户名，支持文本输入；下半部分为用户列表区，列表展示用户发电户号和发电户名。光伏用户详情如图 2-17 所示。

2.1.7　充电桩规模统计

1. 功能描述

基于电网资源业务中台及企业级量测中心服务，完成中低压充电桩上

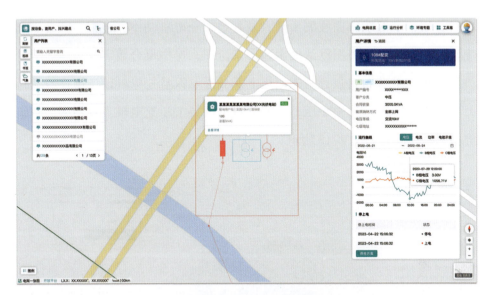

▲ 图 2-17 光伏用户详情

图，实现充电桩设备在图上可视化管理，数量查询、明细展示等功能，支持查询充电桩热力图、设备分布情况，支持查询展示充电桩功率数据和用户台账等信息。支持根据地市和中低压等条件对充电桩进行分类统计，并分别计算中低压充电桩数量，并支持用户查看充电桩与配电变压器或表箱之间的连接关系，帮助优化充电桩系统的运营和管理，提高充电桩的效率和可靠性。

当前共计接入 30 万余户充电桩用户，总运行容量为 5000 余 MVA。其中中压充电桩为 2000 余户，运行容量为 2000 余 MVA，低压充电桩为 30 万余户，运行容量为 2000 余 MVA。同时支持按单位统计充电桩数量和运行数量。并查看充电桩用户的详情信息和运行信息数据。充电桩用户数据来自营销 2.0，充电桩功率数据来自企业级量测中心。

2. 操作步骤

进入充电桩规模统计功能，沿布图呈现全省中压充电桩分布热力图，右侧面板展示全省充电桩用户及运行容量信息，中部柱状图对比各地市充电桩分布，下部功率曲线展示网省及各地市充电桩功率，地市、区县用户不涉及此页面。沿布图默认展示地市聚合图，选中聚合数字或切换运维单位展示充电桩分布打点，右侧面板上部分展示区县充电桩设备用户数及运行容量信息，默认选中中压，下部分展示区县中压充电桩当日功率。省级充电桩规模统计如图 2-18 所示。

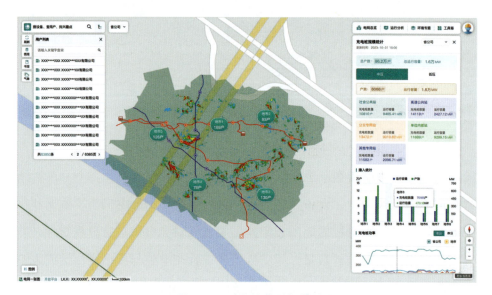

▲ 图 2-18　省级充电桩规模统计

（1）充电桩数量统计交互。

1）统计维度切换：默认展示中压充电桩统计数据，中压充电桩区域处于选中着色状态。若需查看低压充电桩数据，选中低压充电桩头部区域，右侧中下统计区域将立即展示全省低压充电桩统计数据，同时沿布图会切换为展示全省低压充电桩分布热力图，便于直观了解低压充电桩的分布情况。

2）充电桩户数查看：当统计维度为中压充电桩时，选中中压用户数区域，左侧会弹出与数字对应的用户列表，方便用户查询具体用户信息。地图持续展示全省中压充电桩分布热力图。低压充电桩户数的交互操作与中压一致，在此不再赘述。

3）运行容量：在统计维度为中压充电桩时，选中中压运行容量区域，地图展示省各地市中压充电桩运行容量分布聚合图，帮助用户从地市层面了解中压充电桩运行容量分布。低压充电桩运行容量的交互方式与中压相同，不再重复说明。

（2）按区县展示充电桩用户数量。沿布图精确展示所属区县中压充电桩分布打点，方便用户定位具体位置。右侧面板上部分展示区县全量、中低压充电桩设备用户数及运行容量统计信息，默认选中中压，便于用户快速查看中压相关数据；下部分默认展示区县中压充电桩当日功率情况，直观呈现当日功率状态。

（3）充电桩功率统计。

1）中压充电桩功率统计：默认展示当日充电桩功率情况，X轴以整点时刻为刻度，步值为 2h，清晰呈现时间变化；Y轴代表对应日期充电桩功率数值，单位为兆瓦（MW）。日期选择范围最大为 T–6 至 T（T 为当前日期，包含 T），满足用户查看近期功率数据的需求。当鼠标悬浮在时间轴上时，会弹出浮窗，展示全省及各地市在该时刻的充电桩功率数值，方便用户快速获取关键信息。

2）低压充电桩功率统计：默认展示前一日充电桩功率情况，日期选择范围最大为 T–7 至 T–1（T 为当前日期，包含 T）。

（4）用户列表，用户列表界面分上下两部分，上部分为搜索框，下部分为用户列表。搜索框含文本输入框和搜索类型下拉单选框，默认选"用户名"，另一选项是"户号"。户号精准搜索，用户名模糊搜索，输入内容后点回车或搜索键可触发搜索。

基于"静态电网一张图"建设成果已实现全电压等级静态网架及多场景图形展示，支撑多专业数据融合与可视化共享，然而，"静态电网一张图"主要聚焦于电网资源的静态描述，缺乏对电网实时运行状态的动态感知与分析能力，为全面提升电网的可观测性、可描述性和可控制性，亟须构建企业级量测中心，实时汇聚电网各环节电、非电采集量测数据，支撑各专业高速共享应用，全面建成"动态电网一张图"，提升电网可观测、可描述、可控制能力，支撑新型电力系统和数字化转型建设。

2.1.8 企业级量测中心

1. 建设背景

构建企业级量测中心是新型电力系统建设的重要支撑。新型电力系统源、网、荷、储各环节紧密衔接，海量数据汇聚、密集交互，打破传统电网业务分环节、分条块数据应用的边界。构建企业级量测中心，实现各环节电类、非电类量测数据实时汇聚共享，促进物理电网实时状态的精准反映、状态及时、全域计算、协同联动，支撑以新能源为主体的新型电力系统，助力公司向能源互联网企业转型升级。

（1）数据流转：从量测类数据、模型类数据、业务类数据三方面分析数据流转，详见图 2-19。

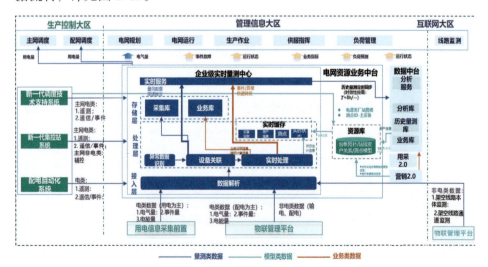

▲ 图 2-19 企业级量测中心数据流转

1）量测类数据流转：全面汇聚主配网电类、非电类数据，源端包括调度新一代技术支持系统、集控站系统，物联管理平台、用电信息采集系统等。一方面在缓存中存储当前最新量测数据，反映电网实时状态。另一方面，在存储层采集库中，存储短周期（7天）带时标的量测数据。

a.电类数据流转：一是实时感知主网侧电类数据并接入生产控制大区调度自动化系统、新一代集控站设备监控系统，并实时接入企业级量测中心；二是中压配网关键节点电气量、状态量、控制量、事件量等信息，实时接入配电自动化系统，同步至企业级量测中心；三是用户用电数据实时接入用电信息采集系统，通过采集前置或主站入库前转发同步至企业级量测中心。

b.非电类数据流转：一是变电站在线监测装备采集数据，实时接入企业级量测中心；二是输电、配电设备本体状态和运行环境采集数据经物联管理平台，实时同步至企业级量测中心。视频类数据统一接入电网视频平台。

2）模型类数据流转：针对图形拓扑、设备台账、户变关系等模型数据，利用业务中台中数据，不再重复存储设备模型数据，由于企业级量测中心在数据接入、分析计算等环节均对计算处理的性能有较高要求，针对图形拓扑、设备台账、户变关系等模型数据按需加载缓存支撑高速计算。在电网资源业务中台现有主设备同源维护的基础上，与调度协同实现电源侧厂站内模型同源维护，与营销、调度专业协同实现分布式光伏、充电桩等新能源模型同源维护。

3）业务类数据流转：实时数据接入后，针对需要快速识别处理的，如停电事件等，结合流处理实现可靠性识别后，入库前快速转发至实时服务供应用侧订阅。另针对电网运行状态、设备健康状态等分析，经流式计算实时处理或定时计算后，一方面存储至业务库，另一方面实时转发至实时服务供应用侧订阅。

（2）总体技术架构分为数据接入、计算处理、数据存储、共享服务几个组成部分。

1）数据接入：主要分为模型接入服务和量测接入服务，模型接入服务，实现从配电自动化、用电信息采集系统、营销 2.0 系统接入包括主网、配网中压、配网低压、用电对应的测点以及测点—主设备、测点—电能表、感知装置等关系数据。根据源端系统差异性，模型数据接入对多种格式的数据提供接入支持，并将测点模型数据基于统一电网设备模型关联形成企业唯一标识后，同步更新到缓存库中，以满足量测类数据接入时模型关联拼接需求。针对量测类数据接入实时性要求，统一采用消息队列的形式接入外部系统推送的遥测、遥信、事件等实时数据，并按需加载缓存，支持 E 文件等方式实现数据解析。

2）计算处理：采用流批一体处理框架，从消息队列中订阅量测数据后，进行数据有效性校核、设备模型关联和状态越限、数据可靠性判断等计算分析。在处理过程中根据需要在不同处理阶段实时将结果存入采集库、业务库，同时将结果推送到企业级量测中心的消息总线对外提供实时订阅能力。针对周期性的计算分析需求，利用离线计算提供批处理能力，按 min、h、天为周期，按设备、容器、区域范围计算电网设备运行状态。

3）数据存储：依据数据类别及业务需求，数据存储规划为模型库、采集库、业务库，针对数据的存储、使用特性，分别采用最合适的存储机制。模型库复用电网资源业务中台模型库，不再另外存储设备资源、资产及拓扑数据。缓存数据库用于实时按需缓存实时量测数据，测点模型数据、关键设备参数、户变关系等数据用于提高计算效率。采集库存储各类电类、非电类遥测遥信事件数据。业务库有关系数据库和索引库，其中关系库用来存储统计数据、聚合数据；检索库用于存储设备属性标签、统计标签、组合标签和预测标签，便于高效全文检索。

4）共享服务：数据共享包括消息总线和数据接口服务，消息总线用于向上层业务应用实时发布采集数据、异常事件，数据接口服务满足上层应用按需查询的需求支持实时查询、全文检索、自助式分析服务、离线分析服务等。其中实时查询：提供指定设备、用户等对象的实时数据查询服务；全文检索类服务：可针对设备、用户、事件等关键业务对象，快速检索相关异常、状态等信息；自助式分析服务：拖拽式自定义维度快速分析，离线分析及查询服务。

（3）各数据相关信息。

1）主网数据。

a. 数据来源：调控云。

b. 数据范围：变电站、储能站等遥测（电流、电压等）、遥信（开关变位等）、事件（故障跳闸等）数据。

c. 接入方式：D5000 系统按照基于调控云消息的方式接入至实时量测中心；新一代集控站系统由地市汇集至省侧集控汇聚节点后，经消息队列方式接入至实时量测中心。主网数据接入明细详见表 2-1。

表 2-1　　　　　　　　　　主网数据接入明细

分类	数据类型	数据内容	量测对象
电类	遥测	遥测断面信息（电流、电压、功率等）	主变压器、断路器、母线、电容器、电抗器等
电类	遥测	变化遥测信息（电流、电压、功率等）	主变压器、断路器、母线、电容器、电抗器等
电类	遥信	开关变位信息	断路器、隔离开关等一次设备
电类	遥信	开关状态断面信息	断路器、隔离开关等一次设备
电类	遥信	开关保护动作信息	断路器、隔离开关等一次设备
电类	事件	监控事件信息（告知、异常、事故、越限、变位）	主变压器、断路器等一次设备
电类	事件	故障跳闸事件	主变压器、断路器等一次设备

2）配网数据。

a. 数据来源：配自云主站。

b. 数据范围：配网中低压设备遥测（电流、电压等）、遥信（开关变位等）、事件（故障研判信息）数据。

c. 接入方式：地市配电自动化主站将配网中低压电类数据实时同步至省侧配自云主站，利用消息队列方式接入至实时量测中心。配网数据接入明细详见表2-2。

表2-2   配网数据接入明细

分类	数据类型	数据内容	量测对象
电类	遥测	中压设备遥测断面信息	开关类设备（断路器、负荷开关、隔离开关、熔断器等）
电类	遥测	中压设备变化遥测信息	开关类设备（断路器、负荷开关、隔离开关、熔断器等）
电类	遥测	低压设备遥测断面信息	变压器、低压智能开关
电类	遥信	中压开关状态断面信息	开关类设备（断路器、负荷开关、隔离开关、熔断器等）
电类	遥信	中压开关变位信息（剔除调试类型）	开关类设备（断路器、负荷开关、隔离开关、熔断器等）
电类	遥信	中压开关保护动作	开关类设备（断路器、负荷开关、隔离开关、熔断器等）
电类	遥信	故障指示器翻牌	馈线
非电类	遥信	量测设备投退信息	配电终端（DTU、FTU、TTU、故障指示器）
电类	遥信	低压遥信	变压器、低压智能开关
电类	事件	故障研判信息	开关类设备（断路器、负荷开关、隔离开关、熔断器等）

3）低压数据。

a. 数据来源：用电信息采集系统。

b. 数据范围：台区、用户、分布式光伏等电气量（电流、电压等）、电能量（电能示值等）、事件量数据。

c. 接入方式：针对电气量，优先保障实时性，由采集数据队列（Kafka）转发至企业级量测中心消息队列；针对事件量、电能量，优先保障可靠性，由用采主站校核后、入库前转发至企业级量测中心消息队列，低压数据接入明细详见表 2-3。

表 2-3　　　　　　　　　　低压数据接入明细

分类	数据类型	数据内容	量测对象
电类	电气量	电压、电流、功率、功率因数、零序电流等曲线	台区
电类	电能量	正反有功总电能示值、正反向无功总电能示值曲线	台区
电类	电能量	当日冻结电能示值	台区
电类	电气量	电压、电流、功率、功率因数、零线电流等曲线	低压用户
电类	电能量	正反有功总电能示值、正反向无功总电能示值曲线	低压用户
电类	电能量	当日冻结电能示值	低压用户
电类	事件	台区停电事件	台区
电类	事件	用户停电事件	低压用户

2. 建设成效

企业级量测中心通过最小化采集结合电网资源业务中台开展数字系统实时计算推演和分析拟合，实现实体电网在数字空间的实时动态呈现，发现蕴藏在数据中的电网运行规律和潜在风险，提升电网安全稳定运行水平和资源全局配置能力，激活数据要素潜能，更高质量推进新型电力系统构建。企业级量测中心作为国网河南省电力公司数字化转型的重要抓手，在促进提质增效、赋能基层一线等方面发挥了重要作用，当前已从"搭框架、接数据"逐步迈入应用赋能阶段。

未来企业级量测中心，将坚持以用促建、以用促治，全面深化企业级量测中心建设，构建"数据+服务"支撑体系，大力推进基于企业级量测中心的场景实用化建设，推动各单位应用场景百花齐放，实现数据驱动业务，持续释放量测数据价值，服务基层、赋能基层，支撑公司新型电力系统建设和数字化转型。

依托实时量测中心建设，在拓扑贯通的静态网架上叠加动态量测数据，并结合开关变位构建了贯通全电压等级的"动态电网一张图"，逐步丰富了电厂、分布式能源、充电桩量测数据展示，支撑电网及设备状态实时可见，基于电网资源业务中台同源维护应用建设成果，将同源维护静态网架与量测中心动态量测数据叠加，实时精准反映国网河南省电力公司电网的运行状态和关键运行指标，共向"电网一张图"提供电流、电压、负荷等量测数据10类41项，支撑专业管理和分析决策。"动态电网一张图"量测数据实时展示见图2-20。

（1）量测数据汇聚。

1）全环节覆盖："动态电网一张图"实现了从主网到配网、用户侧的全环节量测数据汇聚，覆盖了源、网、荷、储各环节；

2）多源异构数据融合：汇聚了电类数据（电流、电压、功率等）和非电类数据（设备状态、运行环境等），实现了多源异构数据的统一接入和融合；

3）实时性与可靠性并重：针对不同数据类型，采用不同的接入方式，确保实时性数据的快速接入和可靠性数据的准确传输；

4）动态叠加与精准映射：通过将动态量测数据与静态网架拓扑精准叠加，实现了电网设备与量测数据的准确映射，支撑电网运行状态的实时可视化。

主网侧数据主要来源于调控云，通过D5000系统和新一代集控站系统

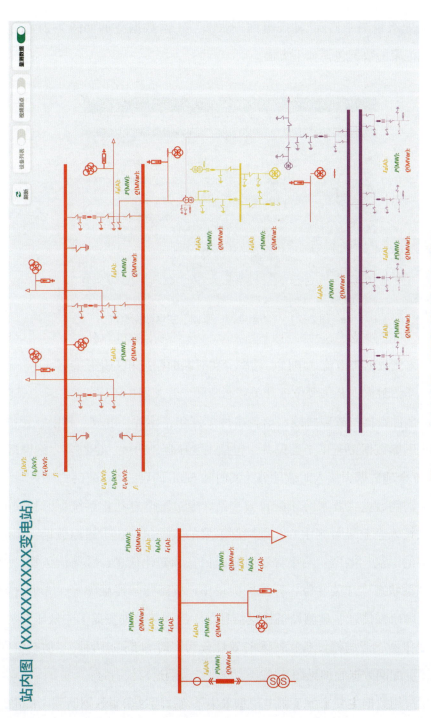

▲ 图 2-20 "动态电网一张图" 量测数据实时展示

接入企业级量测中心。"动态电网一张图"主网数据叠加如图 2-21 所示。主网侧汇聚的数据包括如下方面。

主网数据叠加			
☀ D5000/调控云			
设备类型	量测类型	设备类型	量测类型
主变压器	电流	隔离开关	电流
	A相电流		A相电流
	A相电压		B相电流
	…		…
母线	电压	电容器	A相电流
	有功		C相电流
	频率		无功Q
	…		…
断路器	电流	电抗器	A相电流
	A相电流		B相电流
	B相电流		C相电流
	有功P		…
线路	电流		
	电压		
	有功		
	无功		
	…		

▲ 图 2-21 "动态电网一张图"主网数据叠加

a. 遥测数据：电流、电压、功率等实时断面信息和变化信息；

b. 遥信数据：开关变位、开关状态断面、开关保护动作等；

c. 事件数据：故障跳闸、监控事件（告知、异常、事故、越限、变位）等。主网侧数据覆盖了 7 类设备，包括主变压器、母线、断路器、线路等，共计 20 余项数据，接入时效性分为实时和 5min 两种。

配网侧数据主要来源于配自云主站，通过配电自动化系统Ⅳ区和配电云主站接入企业级量测中心。配网侧汇聚的数据包括：①遥测数据：中低压设备的电流、电压、功率等实时断面信息和变化信息；②遥信数据：中低压开关状态、开关变位、开关保护动作、故障指示器翻牌等；③事件数据：故障研判信息、量测设备投退信息等。配网侧数据覆盖了中低压开关、配电变压器、馈线等设备，接入时效性分为实时和 5min 两种。"动态电网一张图"配网数据叠加见图 2-22。

用户侧数据主要来源于用电信息采集系统，通过采集数据队列（Kafka）

配网数据接入			
配电自动化			
设备类型	量测类型	设备类型	量测类型
断路器	电流 电压 …	柱上断路器	电流 电压 …
负荷开关	电流 电压 …	柱上负荷开关	电流 电压 …
隔离开关	电流 电压 …	柱上隔离开关	电流 电压 …
熔断器	电流 电压 …	柱上熔断器	电流 电压 …
柱上变压器	电流 电压 有功 无功	配电变压器	电流 电压 有功P 无功Q …

▲ 图 2-22 "动态电网一张图"配网数据叠加

和用采主站接入企业级量测中心。用户侧汇聚的数据包括：①电气量数据：电压、电流、功率、功率因数、零序电流等曲线数据；②电能量数据：正反有功总电能示值、正反向无功总电能示值曲线、当日冻结电能示值等；③事件数据：台区停电事件、用户停电事件等。用户侧数据覆盖了台区、低压用户、分布式光伏等对象，接入时效性分为 1、5、15min 和按日等多种。用电数据共汇聚包括低压用户、光伏、充电桩等共计 4 类用户共 10 余项数据。"动态电网一张图"用电数据叠加见图 2-23。

用电数据接入	
用电信息采集系统	
光伏、充电桩 等用户	A相电流
	B相电流
	C相电流
	A相电压
	B相电压
	C相电压
	有功P
	无功Q
	总功率因数
	正向有功
	反向有功
	正向无功
	反向无功
	一象限无功
低压表箱	表箱停复电事件
台区	台区停复电事件

▲ 图 2-23 "动态电网一张图"用电数据叠加

（2）数据精准叠加。

全面推进主网侧 OP 互联、营调贯通、配网侧营配调贯通等基础工作，构建调度自动化、配电自动化、用采 2.0 等系统量测数据与"电网一张图"设备关联关系，实现"电网一张图"量测数据准确叠加。"动态电网一张图"量测数据准确叠加见图 2-24。

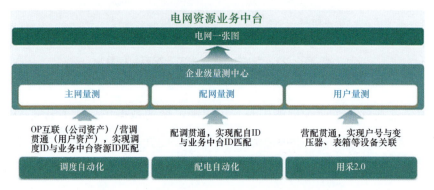

▲ 图 2-24 "动态电网一张图"量测数据准确叠加

（3）动态拓扑分析。

依托企业级量测中心开关状态断面数据、实时开关变位信号、设备实时量测数据等，结合电网一张图静态网架，构建全网动态拓扑，实现运行方式分析、动态图模生成、停电研判。动态拓扑分析见图 2-25。

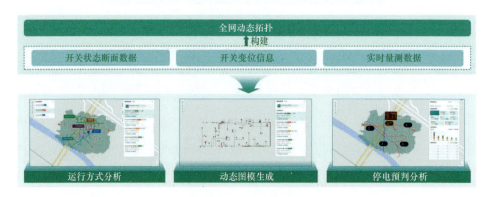

▲ 图 2-25 动态拓扑分析

停电研判：汇聚全网停电信号，通过自上而下和自下而上两种方式叠加分析，实现整线、支线、台区、用户等不同层级停电事件研判。研判时间由 3min 缩短为 50s，研判准确性达到 97% 以上，有效支撑了供服的故障停电抢修，提升配网供电可靠性。"电网一张图"停电研判见图 2-26。

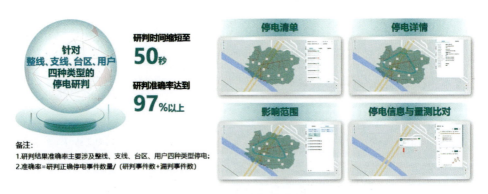

▲ 图 2-26 "电网一张图"停电研判

基于"静态电网一张图"，完成调度云、配电自动化、气象系统协同，实时获取开关动作、电网负荷、运行工况、故障跳闸等实时数据，一是实现多源数据汇集，静、动态信息融合，打造"动态电网一张图"，实现设备状态全息感知；二是为企业级量测中心奠定实时运行数据基础。

结合企业级量测中心建设，基于电网资源业务中台动态拓扑分析服务能力，结合实时开关状态，负荷量测数据等，实现电网实时带电着色，实时负载率、重过载计算，停电实时分析到户、供电范围分析等应用。

基于"静态电网一张图"，协同企业级量测中心，实现动态电网量测数据与网架数据融合。实现电网动态展示设备实时运行信息、主网网架潮流走向，实时量测信息查看，故障录波信息查看等应用。"电网一张图"汇聚主网侧、配网侧、用户侧共计 60 类量测数据，覆盖主变压器、母线、开关、光伏、充电桩等 18 类关键设备和用户对象。

2.1.9　典型场景介绍

1. 多维停电

（1）功能描述。

基于企业级量测中心汇聚调度自动化、配电自动化及用电信息采集等多元数据，结合"电网一张图"网架拓扑，新一代应急系统灾害信息及PMS3.0作业信息，实现基于多源信息分钟级的停电实时自动研判，助力基层单位抢修复电指挥调度，累计研判停电事件近 20 万条，目前停电研判准确率已达 98% 以上。

按照停电分析维度进行多维分析统计及展示，汇总全省配电线路、配电变压器及受影响用户的动态停电数据。助力用户从不同角度深入探索停电原因、影响范围。停电数据来自企业级量测中心。

（2）操作步骤。

1）多维停电统计，主界面由右侧面板与地理图区域构成。在地理图上选择对应的单位，可浏览该单位在选定分类下的停电统计数据及其详细信息。多维停电—默认页面如图 2-27 所示。

a. 停电面板，右侧面板被命名为"多维停电统计"，此面板包含三个关键筛选框，分别为行政组织单位筛选框、停电时间维度（可选择日、月、年）筛选框及对应的具体停电时间日期值输入框。用户可灵活运用这三个筛选条件进行组合，精准实现对停电数据的统计查询。面板的统计维度丰富多样，涵盖停电范围统计、停电事件统计、因灾停电统计、超千户停电统计、频繁停电统计、限上停电统计及全网规模统计，满足不同用户对于停电数据的分析需求。

b. 地理图区域，当多维停电统计面板初始化加载时，系统会默认展示"线路"故障停电标签项。在地理图区域，系统会依据右侧面板预设的默认值，清晰展示各个省级电网或地市单位中停电线路的条数以及未恢复供电

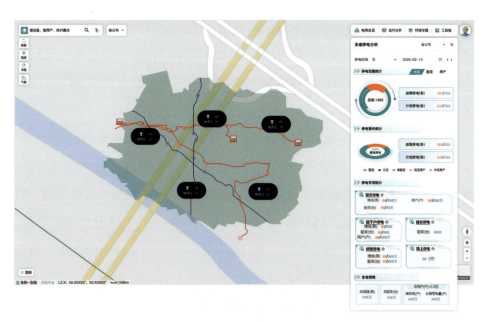

▲ 图 2-27　多维停电—默认页面

的线路条数，使用户能够直观了解线路停电概况。当用户切换右侧面板的行政区域筛选条件，或者选择不同的统计数值项时，地理图上标注的数据会实时联动更新并显示，确保用户获取的信息与所选条件一致。

c.停电范围统计，在停电范围统计模块，用户可在线路、配电变压器、用户三个选项之间自由点击切换，系统默认选中故障停电统计项。在此状态下，模块会分类统计故障停电和计划停电两种情况下的停电和未复电馈线数量、配电变压器数量以及用户数量，帮助用户全面掌握不同停电类型在不同范围的影响情况。

d.停电事件统计，该模块按整线、分支、单配电变压器、低压用户和中压用户五个事件类型进行停电事件统计。针对故障停电和计划停电事件，分别统计未复电数量和停电数量，系统默认按整线停电事件数量进行统计。通过这种分类统计方式，为后续分析和决策提供详细的数据支持。

e.因灾停电，在"因灾停电"统计模块中，系统按照停电馈线、配电变压器和用户三个维度，分别细致统计和展示因灾停电影响的未复电数量及总停电数量。当用户选中不同分类的停复电数量时，地理图会实时更新并显示各单位受灾害影响的具体停复电数量，让用户能够直观看到因灾停电在不同区域的影响程度。

f. 超千户停电，在"超千户停电"统计模块中，同样按照停电馈线、配电变压器和用户三个维度，分别统计和展示超千户停电的未复电数量和总停电数量。当用户选中不同分类的停复电数量时，地理图会实时更新并显示各单位超千户停电的具体停复电数量，方便用户快速掌握超千户停电的分布情况及影响规模。

g. 超长停电，在"超长停电"统计模块中，按照超长停电配电变压器进行统计，地理图实时展示各单位频繁停电的配电变压器数量。

h. 频繁停电，在"频繁停电统计"模块中，从馈线与配电变压器两个维度展开深度剖析。在统计标准设定上，严格筛选一年内停电次数大于 5 次，以及连续 60 天内停电次数超 3 次的 10（20）kV 线路和配电变压器，精准定位频繁停电的设备对象。该模块能够清晰呈现出频繁停电的设备数量，为后续针对性地维护与改进提供明确的数据指向。地理图会根据统计结果，实时动态展示各单位辖区内频繁停电的馈线和配电变压器的停电及未复电数量，以直观的可视化方式，让用户迅速掌握频繁停电在不同区域的分布态势，助力运维人员高效排查频繁停电的根源。

i. 限上停电，"限上停电"统计模块着重对限上停电事件进行量化统计，以限上停电事件的发生数量作为核心统计指标。当用户点击限上停电下方所展示的统计数值时，地理图将迅速响应，动态展示各单位的限上停电次数。

j. 全网规模统计，"全网规模"统计模块从线路、配电变压器及用户三个维度，对全网停电相关数据进行全面且系统的统计分析。在用户维度上，进一步细分，针对"煤改电用户"和"长期零电量用户"这两类具有特殊用电属性的用户群体，分别展示其用户数量。通过整合上述停电影响范围统计中的停电线路、配电变压器及用户数据，能够为全方位评估全网停电影响程度及其权重提供坚实的数据支撑。

2）计划停电统计，点击计划停电，跳转至计划停电分析页面。

3）故障停电统计，点击故障停电，跳转至故障停电分析页面。

4）因灾停电统计，点击因灾停电，进入因灾停电页面。

5）超长停电统计，点击超长停电，跳转超长停电页面，顶部概览面板分类展示超长停电影响的配电变压器数量。中部时间和单位选项栏提供日期选择和单位切换供查看不同网省下时间区间内的超长停电事件。

6）限上停电统计，选中（限上停电）标签左上角，页面导航至限上停电的二级页面。页面顶部的概览面板分类展示限上停电影响的馈线数量、配电变压器数量及停电用户数量。页面下方列出地市或区县范围内的所有限上停电事件清单。

7）超千户停电统计，选中多维停电分析首页（超千户停电）标签左上角，系统导航至超千户停电二级页面，统计超千户停电的配电线路、配电变压器和用户。

8）频繁停电统计，在停电专项统计内，点击频繁停电，可以跳转到频繁停电页面。

9）停电影响配电线路明细，在停电配电线路列表页面，按整线停电和分支停电进行停电线路列表展示。停电配电线路列表如图 2-28 所示，停电配电线路详情如图 2-29 所示。

10）停电影响配电变压器明细，当用户在地理图地市或区县层级选中停电配电变压器统计指标数字或影响范围标签后，右侧面板展示停电公专变数量及配电变压器列表清单。

11）停电影响用户明细，在地理图地市层级选中停电用户统计指标数目时，右侧面板可联动打开停电用户列表页面，右侧停电用户面板分类统计

▲ 图 2-28 停电配电线路列表

▲ 图 2-29 停电配电线路详情

低压用户数和中压用户数。低压用户数下方列表按停电公变列表展示。中压用户下方低表为中压用户清单。

12）停电影响小区、村庄明细，在地理图地市层级选中停电小区村庄统计指标数目时，将跳转至该地市下的小区、村庄列表，右侧小区、村庄停电列表页面对停电小区和停电村庄进行分类统计。停电影响小区缩略图如图 2-30 所示，停电影响小区边界图如图 2-31 所示。

▲ 图 2-30 停电影响小区缩略图

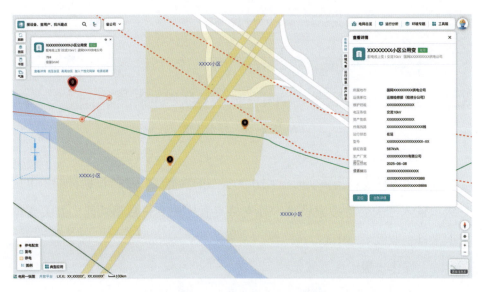

▲ 图 2-31 停电影响小区边界图

13）停电事件统计及明细，选中首页停电事件统计模块中的"故障停电"或"计划停电"，可跳转至停电事件统计页面。

14）停电详情展示及导出，针对不同停电原因导致的线路、配电变压器和用户停电情况，增加查询与导出功能，支持根据停电原因、时间范围和所属单位、停复电条件等多维度筛选数据。进入停电详情弹窗界面，该页面顶部设置了两个功能标签，"汇总统计"和"明细报表"。标签下方对应的是停电详情的不同维度的筛选项。界面核心表单区域分类展示统计或明细停电数据。停电详情如图 2-32 所示。

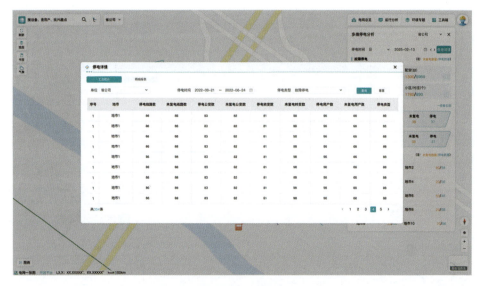

▲ 图 2-32　停电详情

2. 开关变位

（1）功能描述：提供实时监控开关状态的功能，并支持根据日期、电压等级或输入开关名称搜索设备。且支持查看历史变位数据功能。开关变位数据来自企业级量测中心。

（2）操作步骤。

1）实时变位数据。

　　a. 从运行分析面板中选中开关变位按钮，进入开关变位实时监控列表。显示当前时间，当前账号单位的开关变位总数。根据当前所选地区，面板筛选地区与左上角网架范围选择默认相同。

　　b. 选中列表，定位设备，如果是站内设备，展示站内缩略图并标记设备，弹出气泡弹窗。

　　c. 地图上显示聚合图层，多个开关变位点会随着缩放等级聚合在一起，选中聚合点可以地图向下钻取。右侧面板数据不会改变。

　　d. 当缩放到可以显示具体点位时。展示列表中的数据定位点，筛选条件中非列表内显示的定位点显示为六边形。

　　e. 选中定位。如果是变电站定位，面板切换为变电站内当日故障跳闸数据。并展示站内图。如果非变电站定位，则打开气泡弹窗。将列表中该数据底色变化成选中状态。如果定位点为六边形，则定位点变红，列表数据不作变化。开关变位如图2-33所示。

▲ 图2-33　开关变位

2）历史变位数据，选中开关变位列表中某一设备的"历史变位"按钮，弹出列表展示该设备历史变位数据。历史开关变位如图 2-34 所示。

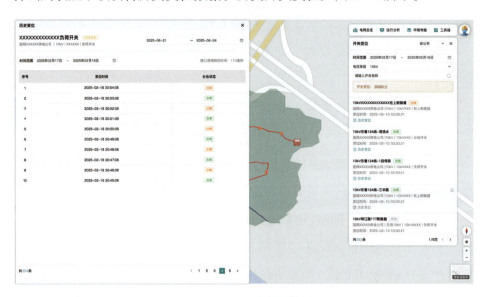

▲ 图 2-34　历史开关变位

 ## 2.2 "动态电网一张图"建设

根据国家电网公司和国网数字化部的要求，深化多维多态一张图建设，以业务需求为导向，夯实"静态电网一张图"、全面建成"动态电网一张图"、稳妥推动多维多态电网一张图，聚焦核心业务和关键领域，实现基于"电网一张图"的规模化应用，切实发挥"电网一张图"在赋能数智化坚强电网建设，提升电网气候弹性、安全韧性、调节柔性、保障能力的基础平台重要作用。

多维一张图：持续接入高清地图、气象环境、视频实况等数据，通过电网与地图叠加、二维向三维演进，气象视频多要素融合等方式强化数据间融合分析，不断丰富"电网一张图"数据维度。

多态一张图：以电网资源业务中台为基础，统一各环节数据模型规范及交互规范，构建跨部门规划—设计—建设—运行业务流程，推进规划、项目全过程管理系统、设计软件、同源维护、"电网一张图"等配网各环节系统数据流转，实现多态数据上图展示，构建"多态电网一张图"，支撑配网工程建设管理体系高质量运转。

2.2.1 电缆通道

1. 功能描述

基于电缆专业标准体系和企业级电网资源中心模型对电缆及通道设备统一建模，构建全方位电缆管网，实现对电缆、通道及辅助设施等电缆运检资源的规范化、全覆盖管理。支持在图上查看电缆走向及电缆设备台账信息。电缆通道数据来自同源维护。

2. 操作步骤

根据用户行政组织展示电缆通道信息，展示该单位的电缆通道。电缆通道如图 2-35 所示。

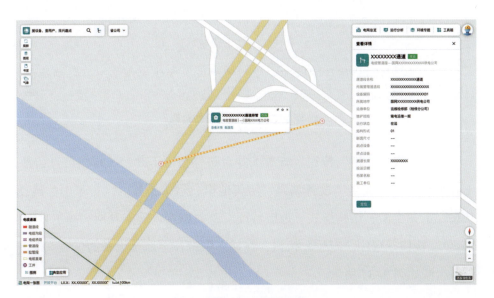

▲ 图 2-35　电缆通道

选中单条电缆通道，将在地图中弹出电缆通道简介卡片。通道卡片内容展示通道名称、运行状态、设施类型、所属地市、通道长度（单位：m）、"查看详情"按钮、"截面图"按钮。

通过"查看详情"按钮，查看通道台账详情。通道台账详情信息包括：通道段名称、所属管理通道段、设备编码、所属地市、运维单位、维护班组、运行状态、通道类型、结构形式、投运日期、通道长度（m）、（定位）按钮。电缆段设备台账如图2-36所示。

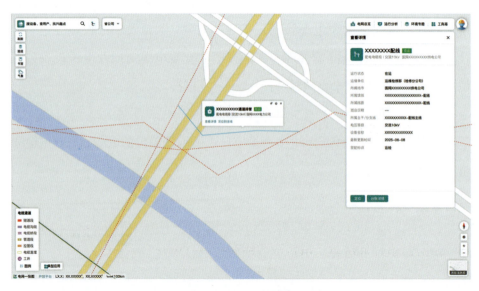

▲ 图2-36 电缆段设备台账

通过"查看详情"按钮，查看工井台账详情。工井台账详情信息包括：工井名称、工井编号、设备编码、所属地市、运维单位、维护班组、运行状态、工井类型、结构形式、地区特征、工井位置、施工日期、竣工日期、"定位"按钮。选中"定位"按钮，在地图中定位至所选设备的位置。工井设备台账如图2-37所示。

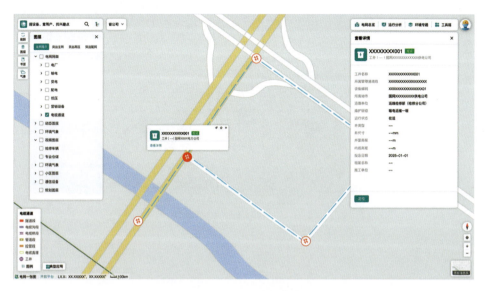

▲ 图 2-37　工井设备台账

2.2.2　视频图层

1. 功能描述

视频图层实现按专业展示输电杆塔、变电站、配电站房的视频打点位置，并按地市统计在线视频汇聚数据，助力用户清晰掌握视频资源分布情况。选中视频打点位置，用户可一键调阅实时视频，支持同时分屏播放多个视频，且具备全屏、缩放功能，全方位为用户打造便捷的视频查看体验。视频数据来自统一视频。

2. 操作步骤

（1）打开变电视频图层后，图上展示按地市汇聚的变电视频数量，选中聚合图数量或放大地图，展示变电视频分布位置。变电视频汇聚如图 2-186 所示，变电视频分布如图 2-38 所示。

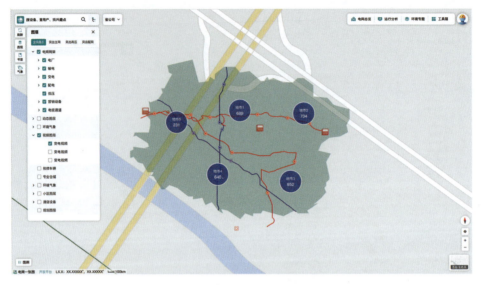

▲ 图 2-38 变电视频汇聚

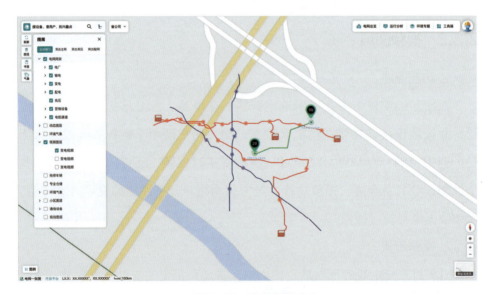

▲ 图 2-39 变电视频分布

（2）选中变电视频点位，弹出播放器播放变电视频。若有多个视频，最多支持同时播放 16 个视频。双击视频放大或缩小视频。查阅变电视频如图 2-40 所示。

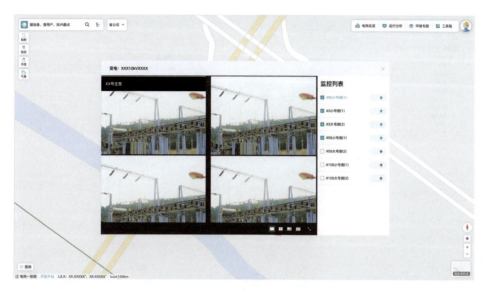

▲ 图 2-40　查阅变电视频

2.2.3　小区图层

1. 功能描述

用户在"电网一张图"中开启小区图层后，可以查看小区分布图，准确把握各小区的地理位置与分布关系。当地图放大时，系统将清晰呈现小区边界图，用户得以获取小区边界走向、范围大小等更为细致的地理信息，实现对小区地理特征的深度洞察。目前，国网河南省电力公司已成功接入3.5万余个小区的相关数据。小区数据来自营销2.0系统。

2. 操作步骤

（1）小区缩略图。

打开小区图层后，在地图上展示小区分布图，随着放大地图展示小区边界图。小区缩略图如图2-41所示。

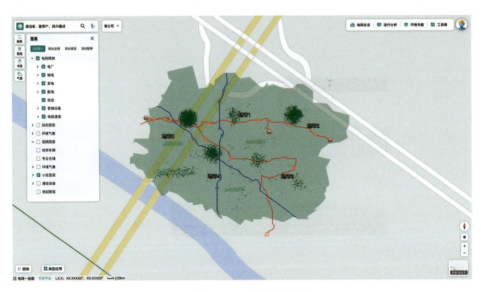

▲ 图 2-41　小区缩略图

（2）小区边界图。

随着放大小区分布图，展示小区边界图。并支持查看小区附近的电气设备拓扑关联关系。小区边界图如图 2-42 所示。

▲ 图 2-42　小区边界图

2.2.4 气象数据

国网河南省电力公司已接入公共气象、电力气象、专题气象三类气象数据。其中接入公共气象数据31类。包括天气预报、温度、湿度等11类气象要素数据，气象预警、水情预警、暴雨等16类公共预警数据，水库站、卫星、雷达3类气象观测数据，地震1类其他灾害数据。电力气象共计接入8类气象数据。包括山火监测、雷电监测2类灾害监测数据，覆冰、舞动等6类灾害预测数据。专题图层接入11类数据，包括蓄滞洪区、水系分布等4类防汛专题图层，舞动分布、雷电反击等7类其他专题图层。气象预警如图2-43所示，水情预警如图2-44所示，高温预警如图2-45所示，温度如图2-46所示，湿度如图2-47所示，风如图2-48所示，水库站如图2-49所示，天气预报如图2-50所示，山火监测如图2-51所示，覆冰如图2-52所示，气压如图2-53所示，舞动如图2-54所示。

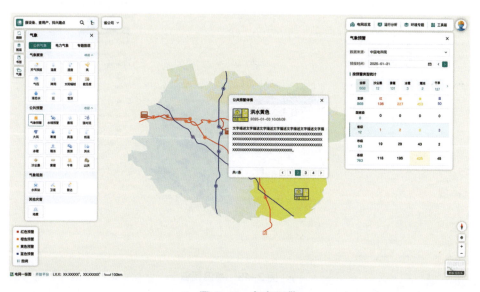

▲ 图2-43 气象预警

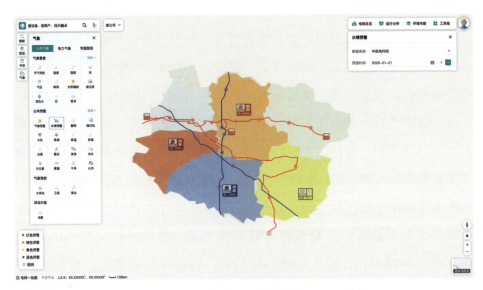

▲ 图 2-44　水情预警

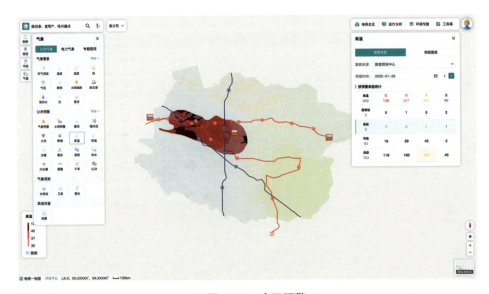

▲ 图 2-45　高温预警

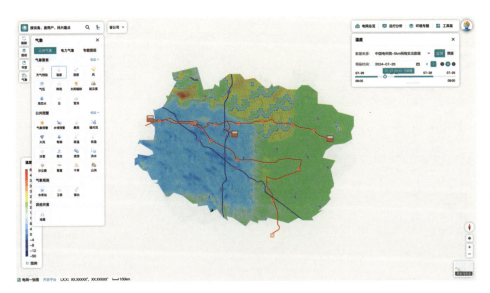

▲ 图 2-46 温度

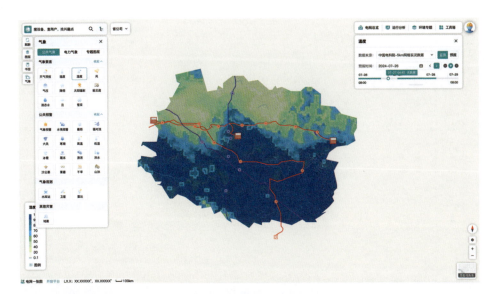

▲ 图 2-47 湿度

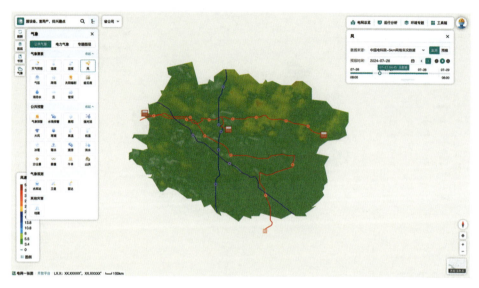

▲ 图 2-48 风

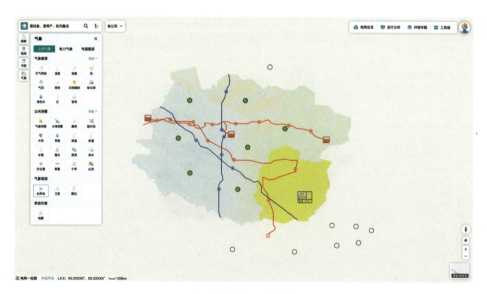

▲ 图 2-49 水库站

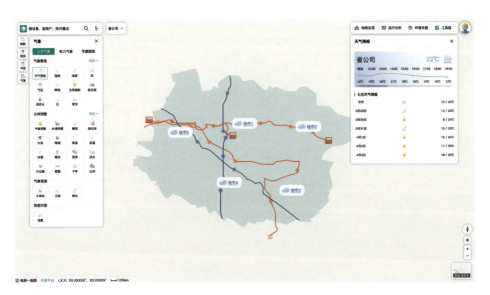

▲ 图 2-50　天气预报

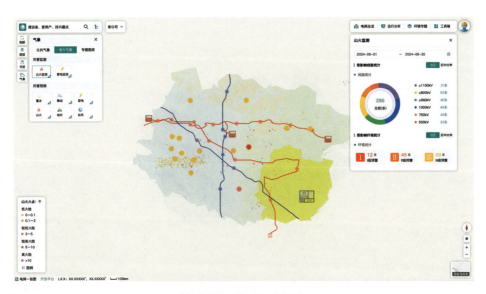

▲ 图 2-51　山火监测

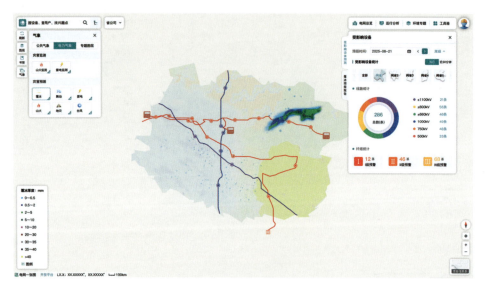

▲ 图 2-52　覆冰

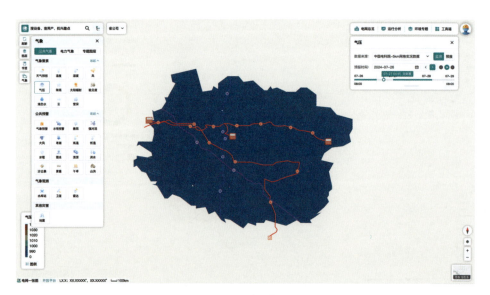

▲ 图 2-53　气压

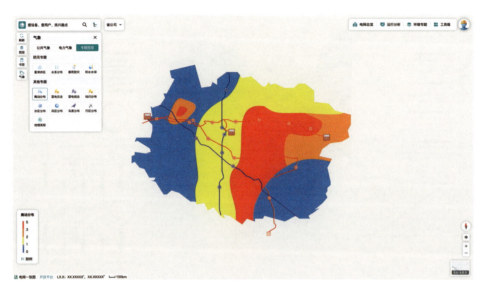

▲ 图 2-54 舞动

2.2.5 倒闸操作管理

1. 功能描述

倒闸操作管理功能实现按专业类型呈现倒闸操作详细信息，并依据用户所在组织层级，精准查看所属本专业且为下辖单位的倒闸操作及相关信息。国网河南省电力公司"电网一张图"已实现实时查看倒闸操作管理中的操作状态和风险分布区域，有效助力倒闸操作管理工作高效开展。倒闸操作数据均来自新一代设备精益管理系统（PMS3.0）。

2. 操作步骤

（1）倒闸操作计划。

1）默认展示，页面加载后，展示当前登录用户所在组织近一周倒闸操作计划信息，包括不同状态的计划数量、Ⅰ～Ⅴ级风险等级数量，沿布图按地市聚合展示网省内计划总数。倒闸操作如图 2-55 所示。

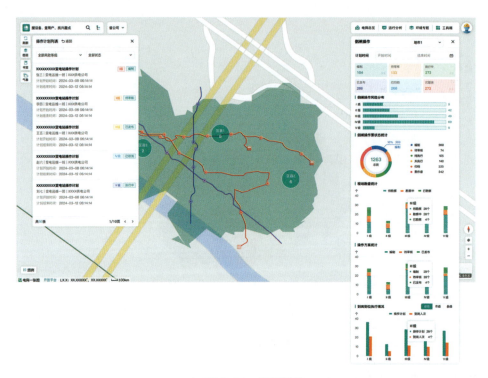

▲ 图 2-55　倒闸操作

2）查看列表：选中某状态的计划数量，弹出该状态下的操作计划列表。

3）状态筛选：倒闸操作分析面板中，状态筛选默认当前状态，可下拉多选"全部状态、编制、待审核、已发布、已取消、执行中、已归档"，筛选后列表和聚合数据实时更新。

4）风险等级筛选：通过下拉菜单多选Ⅰ～Ⅴ级风险进行筛选，筛选后数据相应改变。

5）详情展示：选中计划列表数据，弹出含计划名称、单位等信息的详情页面，左侧地图高亮对应变电站。

（2）倒闸操作票。

1）默认查询与统计：页面加载时，依据上方所选单位与周期范围，自动查询倒闸操作计划关联的操作票，并统计各个状态下的操作票数量以及总数量。操作票状态包括编制、待审核、待执行、未执行、归档、票作废。

2）图表交互：当鼠标悬浮在环形统计图表上时，展示当前区域图表的数据详情，具体涵盖状态名称、该状态操作票占总票数的比例以及数量，方便用户直观了解各状态操作票的分布情况。

（3）现场勘查统计。

默认统计展示：页面加载时，默认按照所选组织单位与时间单位，统计倒闸计划数量，并获取各风险等级的现场勘查数量。在统计图表中，以风险等级Ⅰ~Ⅴ作为X轴，Y轴展示数量，通过堆叠柱状图展示现场勘查各状态（待勘查、勘查中、已勘查）的数量分布，让用户能直观对比不同风险等级下各勘查状态的数量差异。

图表数据提示：当鼠标悬浮在统计图表的数据柱上时，展示该数据对应的风险等级、待勘查总数、勘查中数量以及已勘查数量，帮助用户快速了解详细数据信息。

（4）操作方案统计。

1）默认展示：当页面加载完成，依据所选的组织单位与时间单位，自动生成统计图表。在该图表中，以风险等级Ⅰ~Ⅴ作为X轴，用于区分不同风险程度；Y轴则展示操作方案在编制、待审核、已发布这三种状态下的数量，让用户能够直观地对比各风险等级下不同状态操作方案的数量分布情况。

2）图表交互：当鼠标悬浮在统计图表的数据柱上时，弹出数据提示框，展示该数据柱对应的风险等级，以及操作方案在编制、待审核、已发布状态下的具体数量，方便用户快速获取详细信息。

（5）到岗到位图表。

1）默认统计展示：在默认界面基础上，进一步按风险等级Ⅰ~Ⅴ分别统计到岗人次，到岗人次通过直接统计到岗打卡数得出。当鼠标悬停在图表上时，会展示该柱状图对应的详细统计结果，包括各风险等级的到岗人次等信息，帮助用户清晰了解人员到岗情况。

2）查询结果切换：用户可根据需求，支持按照省、市、县的维度切换柱状图查询结果。通过这种方式，能够明确判断到岗人次对应的是省级、市级还是县级层面的数据，满足不同层级的统计分析需求，让用户更全面地掌握到岗情况。

2.2.6　检修计划管理

1. 功能描述

检修计划可按计划类型和是否停电为维度统计不同风险等级的检修计划，以及查看检修计划的状态（如：编制、未执行、执行中、已完成），支持查看不同状态的检修计划列表和计划详情。在图上以地市为统计维度展示检修计划数量。目前，国网河南省电力公司已接入输电、变电、配电、直流专业检修计划。检修计划数据均来自新一代设备精益管理系统（PMS3.0）。

2. 操作步骤

沿布图展示全省各地市（涵盖直流、输电、变电、配电领域）的检修计划汇聚图层，使全省各地市的检修计划分布一目了然。同时，在画面右侧自动打开该省（直流、输电、变电、配电）检修计划总览页面，方便省公司用户全面把控全省检修计划概况。

（直流、输电、变电、配电）总览页面可通过地市、运维单位、计划类型、是否停电和检修计划开始时间字段查询统计检修计划数量，按计划状态、检修类型、风险等级和管理区域统计四个区域分析检修计划。

根据检修开始时间查询某个时间段检修计划信息，最多可查询近1年的检修计划，默认展示近1月的检修计划。检修计划如图2-56所示。

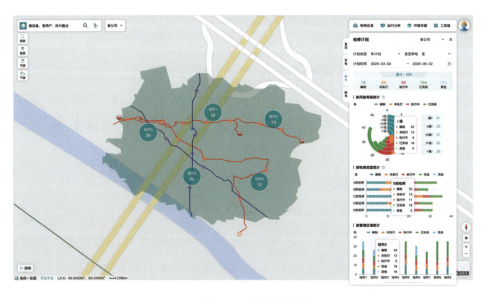

▲ 图 2-56　检修计划

（1）按省份、地市和运维单位统计检修计划。

根据所选地市和运维单位名称，快速统计检修计划数量。同时，按照计划状态、检修类型、风险等级和管理区域，全面展示检修计划情况。地图也会实时联动，展示所在省各地市检修计划图层，方便直观查看全省检修计划分布。

（2）按计划类型统计。

进入相关页面，默认展示全部计划类型的检修计划。用户可根据自身需求，选择特定计划类型，系统将统计该类型的检修计划数量，并按计划状态、检修类型、风险等级和管理区域进行展示。地图也会联动，展示查询结果对应的检修计划图层，便于用户了解特定计划类型的分布情况。

（3）按是否停电统计。

默认展示全部检修计划，用户可根据是否停电这一查询条件，统计检修计划数量。按计划状态、检修类型、风险等级和管理区域展示检修计划，同时地图联动展示查询结果检修计划图层，方便用户区分停电与不停电检修计划的分布。

（4）按检修计划开始时间统计。

地图默认展示近1月检修计划图层。用户选择检修计划开始时间查询条件，系统通过业务中台统计检修计划数量，按计划状态、检修类型、风险等级和管理区域统计展示检修计划情况。

（5）按计划状态统计。

用户可综合选择省份、地市、运维单位、计划类型、停电状态及检修计划开始时间等条件，统计检修计划数量。统计结果按计划状态（编制、执行中、未执行、已完成和累计）展示。当用户选中某一计划状态（如累计、编制、执行中、未执行或已完成）时，该状态将高亮显示。同时，检修计划分析面板会根据检修类型、风险等级和管理区划，对所选计划状态进行深度统计分析，地图也会联动展示相应的计划状态图层。

（6）按检修类型统计。

统计结果按检修类型（编制、执行中、未执行、已完成）展示。当用户选中某一检修类型（如编制、执行中、未执行或已完成）时，该类型将高亮显示，系统动态生成该检修类型的计划数量柱状图。同时，检修计划统计面板联动展示对应的检修计划列表信息，地图同步展示相应的检修计划图层。需注意，当地图上的检修计划图层被选中或放大时，检修计划统计面板的内容保持不变，确保统计信息的稳定性。

（7）按风险等级统计。

选中或放大地图检修计划图层时，检修计划统计面板展示与地图不产生联动，维持统计信息的稳定。

（8）按管理区域统计。

统计结果按管理区域展示各地市的检修计划数量，并按状态（编制、执行中、未执行、已完成）分类统计。当用户选中某一检修状态（如编制、执行中、未执行或已完成）时，系统按管理区域动态生成该状态对应的检修计划柱状图，并在地图上联动展示相应的检修计划图层。

2.2.7 检测试验分析

1. 功能描述

检测试验分析功能实现从专业维度（涵盖直流、输电、变电、配电）展开深度分析，同时可依据检测计划的状态、专业类别、性质、电压等级以及管理区域进行综合统计分析。当下，国网河南省电力公司"电网一张图"已接入输电、变电、配电、直流检测试验数据，全面整合了各专业检测试验数据，为分析工作提供有力支撑。检测试验分析数据均来自新一代设备精益管理系统（PMS3.0）。

2. 操作步骤

（1）检测计划。

进入检测计划功能，沿布图展示各地市检测计划汇聚图层，右侧打开省检测计划总览页面。放大底图或选中聚合数量，沿布图展示各地市运维单位检测计划汇聚图层。继续放大地图，沿布图展示本单位检测计划位置打点。变电检修计划如图 2-57 所示。

1）按地市和运维单位统计检测计划，根据所选地市和运维单位名称统计检测试验报告数量，按检测计划状态、专业、性质、电压等级和管理区域统计展示检测计划情况，地图联动展示所在省各地市检测计划图层。

2）按计划类型统计，根据用户所选的周期计划、临时计划和全部计划这三种计划类型查询条件，精准统计检测试验报告数量。同时，按照检测计划状态、专业、性质、电压等级和管理区域，全面展示检测计划的具体情况，助力用户深入了解不同计划类型下检测计划的各项细节。

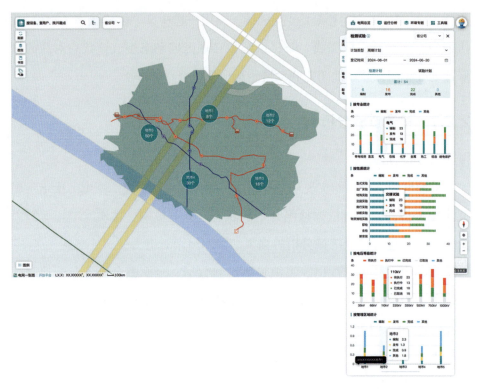

▲ 图 2-57　变电检测计划

3）按检测计划时间统计，检测分析面板默认展示近 1 个月的检测计划情况，用户最多可查询近 1 年的检测计划。地图默认展示近 1 月检测计划图层。当用户选定检测计划开始时间作为查询条件后，系统将按照检测计划状态、专业、性质、电压等级和管理区域，统计展示检测计划情况，地图也会同步展示对应查询结果的检测计划图层，方便用户直观查看特定时间段内的检测计划分布。

4）计划状态统计，统计结果会依据检测计划状态，即编制、发布、完成、累计这几种状态，展示相应的检测计划数量。当用户选中某一具体计划状态，如编制、发布或完成时，所选区域会以高亮显示，系统进一步根据专业、性质、电压等级和管理区域等维度，统计展示该状态下的检测计划详情，与此同时，地图也会联动展示该计划状态对应的图层，便于用户快速定位和分析相关信息。

5）按专业统计，统计结果将按照专业分类，包括带电检测、直流、电气、在线、化学、金属、热工、综自、继电保护、计量、其他，展示检测计划在编制、发布和完成阶段的数据。当用户选择某一特定专业，如带电检测、直流、电气等，或者选择某一计划状态，如编制、发布、完成时，地图将实时联动展示该专业或状态对应的检测计划图层，方便用户了解不同专业和计划状态下检测计划的分布情况。

6）按性质统计，系统按型式实验、出厂实验、特殊实验、交接实验、例行实验、诊断实验、物资抽检实验、部检、全检、新安装这十种性质，统计检测计划在编制、发布和完成阶段的数据。

7）按电压等级统计，用户选中某个状态（如：编制、发布、完成）时，柱状图取消展示该状态相应数据。用户选中不同电压等级（如：35、66、110、220、330、500、750kV 或 1000kV），高亮显示该电压等级，地图展示该电压等级的检测计划图层。

8）按管理区域统计，当用户选中某个地市时，展示该地市下辖运维单位在编制、发布、完成阶段的检测计划数量，便于用户了解各地市下辖单位的检测计划执行情况。

（2）试验计划。

进入试验计划功能，通过沿布图展示全省各地市（直流、输电、变电、配电）试验计划汇聚图层，画面右侧打开总览页面，便于统筹管理。放大地图沿布图展示单位（直流、输电、变电、配电）试验计划位置打点。

在试验计划总览页面，用户可通过省份、地市、运维单位、计划类型和试验计划开始时间字段查询统计检测试验报告数量，按试验计划状态、

专业、性质、电压等级和管理区域五个区域统计分析试验计划。直流试验
计划如图 2-58 所示。

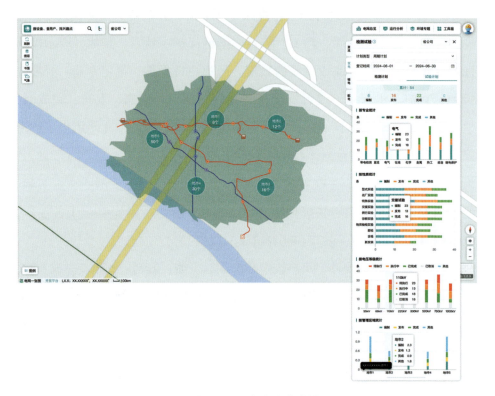

▲ 图 2-58　直流试验计划

1）按省份、地市和运维单位统计试验计划，根据所选地市和运维单位
名称统计检测试验报告数量，按试验计划状态、专业、性质、电压等级和管
理区域统计展示试验计划情况，地图联动展示所在省各地市试验计划图层。

2）按计划类型统计，根据用户所选周期计划、临时计划和全部计划三
种计划类型查询条件通过统计检测试验报告数量，按试验计划状态、专业、
性质、电压等级和管理区域统计展示试验计划。

3）按试验计划时间统计，检测试验分析面板默认展示近 1 月试验计划
情况，最多可查询近 1 年试验计划情况，地图默认展示近 1 月试验计划图

层。根据用户所选试验计划开始时间查询条件统计检测试验报告数量，按试验计划状态、专业、性质、电压等级和管理区域统计展示试验计划情况。

4）按计划状态统计，用户选中某个计划状态（如：编制、发布、执行、完成或安排）时，相应状态高亮显示，检测试验分析面板根据专业、性质、电压等级和管理区域统计维度展示该状态的试验计划，地图联动展示该计划状态图层。

5）按专业统计，用户选中某个状态（如：编制、发布、执行、完成或安排）时，柱状图取消展示该状态相应数据。用户选中不同专业（如：带电检测、直流、电气、在线、化学、金属、热工、综自、继电保护、计量或其他），该专业高亮显示，地图展示该专业试验计划图层。

6）按性质统计，用户选中不同性质（如：型式实验、出厂实验、特殊实验、交接实验、例行实验、诊断实验、物资抽检实验、部检、全检或新安装），该性质高亮显示，地图展示该性质的试验计划图层。

7）按电压等级统计，用户选中某个状态（如：编制、发布、执行、完成或安排）时，柱状图取消展示该状态相应数据。用户选中不同电压等级（如：35、66、110、220、330、500、750、1000kV），该电压等级高亮显示，地图展示该电压等级的试验计划图层。

8）按管理区域统计，用户选中某个地市时，统计展示该地市下辖运维单位编制、发布、完成试验计划数。

2.2.8 隐患管理

1. 功能描述

隐患管理功能实现从专业维度（涵盖直流、输电、变电、配电）以及隐患等级，对各类设备隐患状态数量展开精准统计。用户可在 23 项隐患来源（包含全部、人工巡视、机器人巡视、无人机巡视等）中灵活选择，进

行深入细致分析。隐患面板从电压等级、厂家分布、管理区域、隐患治理
率、隐患等级占比及趋势分析等多维度，全方位统计并直观展示隐患信息。
目前国网河南省电力公司"电网一张图"已接入输电、变电、配电、直流
四大专业的隐患数据，可以呈现隐患管理数据详情，助力高效隐患排查与
治理工作。隐患管理数据均来自新一代设备精益管理系统（PMS3.0）。

2. 操作步骤

（1）界面初始化。

隐患总览页面右侧面板顶部根据当前用户所在组织单位信息展示用户
所在省份、地市或运维单位的隐患信息。根据隐患发现开始时间查询某个
时间段隐患信息，最多可查询近1年的隐患信息，默认展示近7天的隐患
信息。

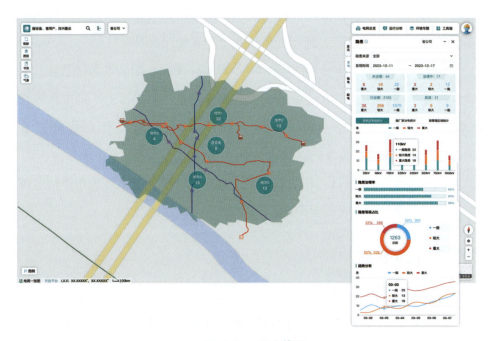

▲ 图 2-59 隐患管理

1）隐患未治理、治理中、已治理统计展示区：按一般隐患、较大隐患

和重大隐患三种隐患等级统计隐患数。

2）按电压等级统计展示，根据电站电压等级按一般隐患、较大隐患和重大隐患等级统计隐患数。

3）按厂家分布统计展示，根据厂家名称按一般隐患、较大隐患和重大隐患等级统计隐患数。

4）按管理区域统计、隐患治理率统计、隐患等级占比统计、趋势分析统计展示，根据管理区域统计分析地市或运维单位按一般隐患、较大隐患和重大隐患等级统计地和运维单位下的隐患数。

（2）按省份、地市和运维单位统计隐患信息。

根据所选地市和运维单位名称统计隐患记录数量，按未治理、治理中、已治理、电压等级、厂家分布、管理区域、隐患治理率、隐患等级占比、趋势分析统计展示隐患情况，地图联动展示所在省各地市隐患图层。

（3）按隐患来源统计。

根据用户所选人工巡视、航巡、隐患排查、条例专项、检修预试、电网专项、安全性评价、安全检查、专项监督、事故分析、电网方式分析、其他、机器巡视隐患来源查询条件，统计隐患记录数量，按未治理、治理中、已治理、电压等级、厂家分布、管理区域、隐患治理率、隐患等级占比、趋势分析统计展示隐患情况，地图展示缺陷图层。

（4）按隐患发现时间统计。

1）根据用户所选隐患发现时间查询统计隐患记录数量，地图展示查询结果隐患图层。

2）隐患总览面板默认展示近7天隐患情况，最多可查询近1年隐患情况，地图默认展示近7天隐患图层。

（5）未治理、治理中、已治理统计。

根据用户所选省份、地市、运维单位、隐患来源和隐患发现时间查询条件统计隐患记录数量，按未治理、治理中、已治理统计一般隐患、较大隐患和重大隐患数。用户选中不同隐患状态（如未治理、治理中、已治理及其细分的一般、较大、重大）时，隐患总览面板会根据电压等级、厂家分布、管理区域、隐患治理率、隐患等级占比、趋势分析等维度展示对应隐患情况，并联动地图展示相应的隐患图层。

（6）按电压等级统计。

用户选中某个电压等级时，该电压等级柱状图高亮，同时隐患治理率、隐患等级占比、趋势分析统计页面展示该电压等级下的隐患情况，地图展示该电压等级下隐患图层。

（7）按厂家分布统计。

用户选中某个厂家名称时，该厂家柱状图高亮，展示该厂家一般、较大和重大隐患数，同时隐患治理率、隐患等级占比、趋势分析统计页面展示该厂家的隐患情况，地图展示该厂家隐患图层。

（8）按管理区域统计。

用户选中某个隐患等级（如：一般隐患、较大隐患或重大隐患）时，地图联动展示该等级的隐患图层。用户选中某个管理区域时，该管理区域柱状图高亮，展示该管理区域下辖运维单位一般、较大和重大隐患数。同时隐患治理率、隐患等级占比、趋势分析统计页面展示该管理区域的隐患情况，地图展示该管理区域隐患图层。

用户选中某个运维单位时，统计展示该运维单位一般、较大和重大隐患数。同时隐患治理率、隐患等级占比、趋势分析统计页面展示该运维单位的隐患情况，地图展示该运维单位隐患图层。在地图左上方展示该运维单位按电站展示隐患统计列表，包含电站名称、一般隐患、较大隐患、重大隐患字段数据。地图联动展示该运维单位下隐患图层。隐患列表如图 2-60所示，隐患详情如图 2-61 所示。

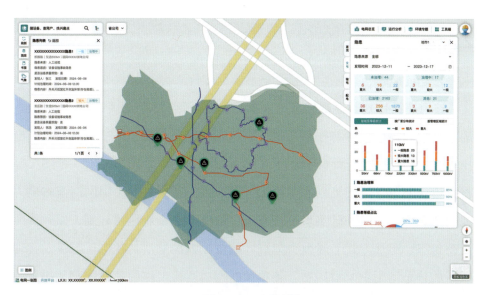

▲ 图 2-60　隐患列表

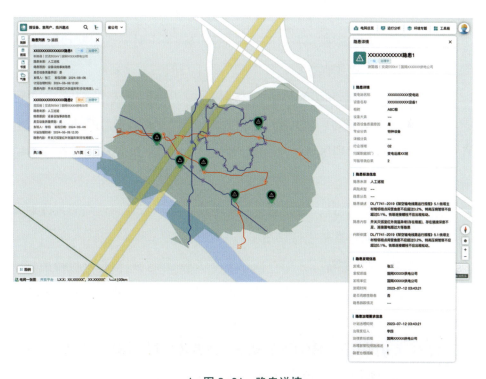

▲ 图 2-61　隐患详情

2.2.9 巡视分析

1.功能描述

按照巡视计划和巡视任务分别统计输电、变电、直流专业的巡视信息。巡视计划和巡视任务将按照巡视计划状态、巡视方式、巡视类型占比、电压等级，管理区域统计分析展示。国网河南省电力公司"电网一张图"巡视分析功能包含巡视计划和巡视任务两方面。截至目前，国网河南省电力公司"电网一张图"已实现统计直流、输电变电专业巡视计划，以及按照巡视状态、巡视方式、巡视类型统计的占比精准呈现，各电压等级及管理区域的分布情况也一目了然。各项数据均为巡视工作的高效管理与决策提供有力支撑。巡视分析数据均来自新一代设备精益管理系统（PMS3.0）。

2.操作步骤

（1）巡视计划。根据巡视计划开始时间查询某个时间段巡视计划信息，最多可查询近1年的巡视计划，默认展示近1月的巡视计划。

1）按省份、地市和运维单位统计巡视计划，根据所选地市和运维单位名称统计巡视计划数量，按巡视计划状态、巡视方式、巡视类型占比、电压等级、管理区域统计展示巡视计划情况，地图联动展示所在省各地市巡视计划图层。

2）按巡视时间统计，根据用户所选巡视计划开始时间查询巡视计划数量，地图展示查询结果巡视计划图层。

3）巡视计划状态统计，用户选择某个状态（如：待执行、执行中、已完成或已取消），高亮显示该状态的巡视计划，地图联动展示该状态的巡视计划图层。

4）巡视方式统计，用户选择某个巡视方式（机器人巡视、人工巡视、人机协同巡视或无人机巡视），该巡视方式高亮显示，地图展示该巡视方式的巡视计划图层。

5）巡视类型占比，用户选中某个巡视类型（例行巡视、特殊巡视、熄灯巡视或全面巡视），该巡视类型高亮显示，地图展示该巡视类型的巡视计划图层。

6）按电压等级统计，用户选中某个状态（待执行、执行中、已完成、已取消），该巡视状态取消展示。用户选中某个电压等级时，该电压等级柱状图高亮，地图展示全面该电压等级下巡视计划图层。

7）按管理区域统计，用户选中某个状态（待执行、执行中、已完成、已取消），该巡视状态取消展示。用户选中某个管理区域时，统计展示该管理区域下辖运维单位待执行、执行中、已完成和已取消巡视计划数。

（2）巡视任务。地图巡视分析图层默认展示当前用户所在地市或运维单位的巡视任务，涵盖任务状态、巡视方式、巡视类型占比、电压等级及管理区域统计分析。根据用户行政组织级别，展示内容有所区分。巡视任务总览页面支持按省份、地市、运维单位及巡视任务开始时间查询任务数量，并按任务状态、巡视方式、巡视类型占比、电压等级及管理区域进行统计分析。用户可根据巡视任务开始时间查询近1年的任务信息，默认展示近1个月的数据。变电巡视任务如图2-62所示。

1）按省份、地市和运维单位统计巡视计划，根据所选地市和运维单位名称统计巡视任务数量，按巡视任务状态、巡视方式、巡视类型占比、电压等级、管理区域统计展示巡视任务情况，地图联动展示所在省各地市巡视任务图层。

2）按巡视时间统计，巡视分析面板默认展示近1月巡视任务情况，最多可查询近1年巡视任务情况，地图默认展示近1月巡视任务图层。

3）巡视计划状态统计，用户选中某个状态（如：待执行、执行中、已完成或已取消），该状态高亮显示，巡视分析面板根据巡视方式、巡视类型

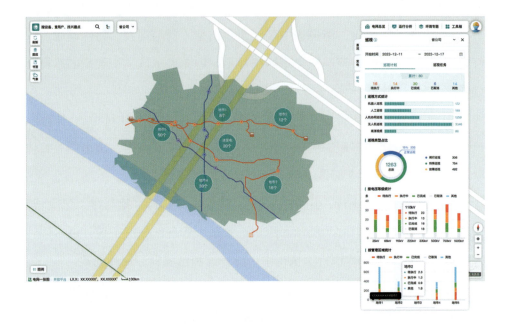

▲ 图 2-62　变电巡视任务

占比、电压等级、管理区域统计维度展示该状态巡视任务，地图联动展示该状态巡视任务图层。

　　4）巡视方式统计，用户选中机器人巡视、人工巡视、人机协同、无人机协同中一个巡视方式时，该巡视方式高亮显示，地图展示该巡视任务图层。

　　5）巡视类型占比，用户选中例行巡视、额数巡视、熄灯巡视、全面巡视巡察类型时，选中的巡视类型高亮显示，地图展示该巡视任务图层。

　　6）按电压等级统计，用户选中某个电压等级时，该电压等级柱状图高亮，地图展示全面该电压等级下巡视任务。

　　7）按管理区域统计，用户选中某个地市时，统计展示该地市下辖运维单位待执行、执行中、已完成和已取消巡视任务数。

2.2.10 缺陷管理

1. 功能描述

缺陷统计功能实现从不同专业维度（直流、输电、变电、配电）以及缺陷等级出发，分别精准统计不同设备在各类缺陷状态下的数量。同时，该功能支持从 9 项隐患来源（涵盖全部、巡视、检修、抢修等）中灵活选择，深入开展缺陷分析工作。此外，还能依据电压等级、厂家分布、管理区域、缺陷消缺率、缺陷性质占比以及趋势分析等多个维度，全面统计缺陷信息。当前国网河南省电力公司"电网一张图"缺陷分析功能为支撑基层用户提供缺陷管理的详尽数据。缺陷数据均来自新一代设备精益管理系统（PMS3.0）。

2. 操作步骤

根据缺陷发现开始时间查询某个时间段缺陷信息，最多可查询近 1 年的缺陷信息，默认展示近 7 天的缺陷信息。缺陷管理如图 2-63 所示。

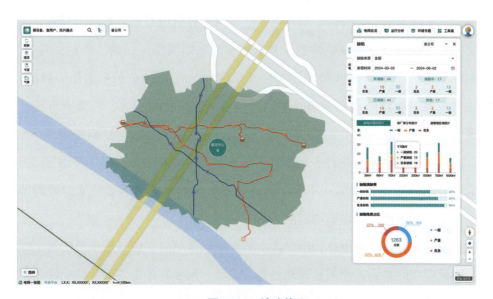

▲ 图 2-63　缺陷管理

（1）按省份、地市和运维单位统计缺陷信息，根据所选地市和运维单位名称统计缺陷记录数量，按缺陷按新增、未消缺、电压等级、厂家分布、管理区域、缺陷消缺率、缺陷性质占比、趋势分析统计展示缺陷情况，地图联动展示所在省各地市缺陷图层。

（2）按缺陷来源统计，根据用户所选巡视工作、检修工作、抢修工作、勘察工作、试验工作、运维工作、督查工作、其他缺陷来源查询按电压等级、厂家分布、管理区域、缺陷消缺率、缺陷性质占比、趋势分析统计展示缺陷情况。

（3）按缺陷发现时间统计，缺陷分析面板默认展示近7天缺陷情况，最多可查询近1年缺陷情况，地图默认展示近7天缺陷图层。

（4）新增、未消缺统计，用户选中不同缺陷类型（新增、未消缺及其危急、严重、一般子类）时，缺陷分析面板根据电压等级、厂家分布、管理区域、缺陷消缺率、缺陷性质占比、趋势分析等维度展示相应缺陷情况，并在地图上联动展示对应的缺陷图层。

（5）按电压等级统计，用户可通过鼠标悬停电压等级柱状图查看各等级的一般、严重、危急缺陷数据，并选中相应缺陷类型（一般、严重、危急）的柱状图以实现地图联动展示对应缺陷图层。用户选中某个电压等级时，该电压等级柱状图高亮，同时缺陷消缺率、缺陷性质占比、趋势分析统计页面展示该电压等级下的缺陷情况，地图展示该电压等级下缺陷图层。

（6）按厂家分布统计，用户选中某个厂家名称时，该厂家柱状图高亮，同时缺陷消缺率、缺陷性质占比、趋势分析统计页面展示该厂家的缺陷情况，地图展示该厂家缺陷图层。

（7）按管理区域统计，用户选中某个管理区域时，统计展示该区域下辖运维单位一般缺陷、严重缺陷和危急缺陷数。同时缺陷消缺率、缺陷性质占比、趋势分析统计页面展示该区域的缺陷情况，地图展示该区域缺陷图层。

用户选中列表中换流站名称在一张图左上方展示缺陷列表。地图联动放大展示该缺陷图层。缺陷图层如图 2-64 所示。

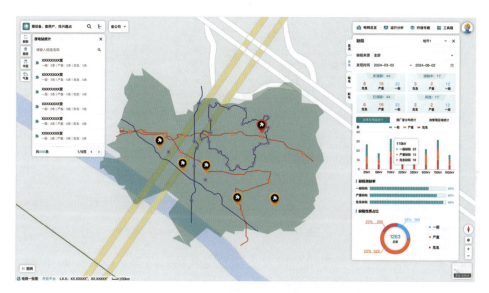

▲ 图 2-64 缺陷列表

缺陷列表的记录包含缺陷编号、设备名称、缺陷描述、缺陷性质、超期时间、换流站名称、换流站电压等级、运维单位、设备电压等级、缺陷发现时间、缺陷状态、缺陷内容字段数据。每条记录下展示缺陷详情，支持查看。缺陷列表详情如图 2-65 所示。

2.2.11 故障管理

1. 功能描述

（直流、输电、变电、配电）故障总览页面可通过省份、地市、运维单位、故障发现开始时间字段查询统计故障记录数量，按新增、未处理、已处理、电压等级、厂家分布、管理区域、趋势分析五个区域统计分析故障。

在不同专业维度（直流、输电、变电、配电）的故障总览页面，用户

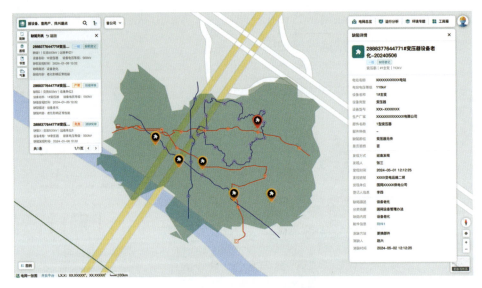

▲ 图 2-65　缺陷列表详情

可依据省份、地市、运维单位以及故障发现开始时间等字段，查询并统计故障记录的数量。还支持从新增、未处理、已处理、电压等级、厂家分布、管理区域以及趋势分析这五个维度，对故障进行统计分析。故障数据均来自新一代设备精益管理系统（PMS3.0）。

2. 操作步骤

根据故障发现开始时间查询某个时间段故障信息，最多可查询近 1 年的故障信息，默认展示近 7 天的故障信息。故障图层如图 2-66 所示，故障详情如图 2-67 所示。

根据所选地市和运维单位名称统计故障记录数量，按缺陷按新增、未处理、已处理、电压等级、厂家分布、管理区域、趋势分析统计展示故障情况，地图联动展示所在省各地市故障图层。

（1）按故障发现时间统计，故障分析面板默认展示近 7 天故障情况，最多可查询近 1 年故障情况，地图默认展示近 7 天故障图层。

（2）新增、未处理、已处理统计，用户选中不同状态（累计、新增、未

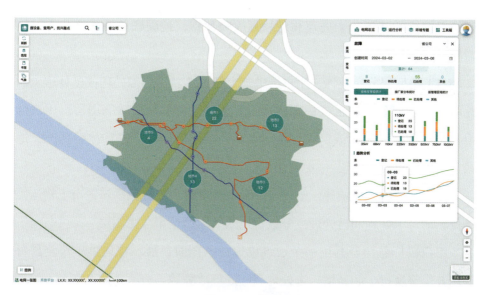

▲ 图 2-66　故障图层

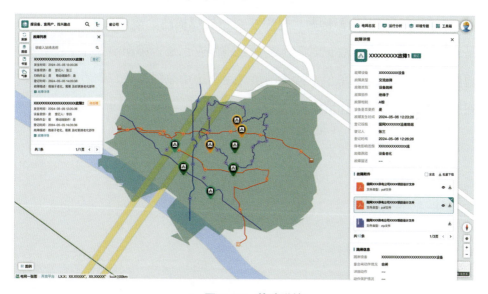

▲ 图 2-67　故障详情

处理、已处理），故障分析面板根据电压等级、厂家分布、管理区域、趋势分析统计维度展示该状态数据，地图联动展示该状态的故障图层。

（3）按电压等级统计，用户鼠标悬浮某个电压等级柱状图时，展示该电压等级统计的新增、未处理和已处理故障数据，地图联动展示该状态的故障图层。

（4）按厂家分布统计，用户选中某个状态（新增、未处理或已处理）的故障，按厂家名称展示该状态柱状图，地图联动展示该状态图层。用户选中某个厂家名称时，该厂家柱状图高亮，页面展示该厂家的故障情况，地图展示该厂家故障图层。

（5）按管理区域统计，用户选中某个地市时，统计展示该地市下辖运维单位新增、未处理和已处理故障数，地图展示该地市故障图层。

用户鼠标悬浮至其中一个运维单位柱状图时，展示该运维单位全称每展示8个字换行）和新增、未处理和已处理故障数。

用户选中某个运维单位时，在地图左上方展示该运维单位按换流站展示故障列表，包含故障标题、故障状态、故障描述、故障发生时间、设备是否受损、登记人、登记时间、是否扫码作业、是否移动端操作字段数据。地图联动展示该运维单位下故障图层。用户选中故障详情，查看故障记录，在一张图右上方展示详情面板。

3 优秀应用案例

"电网一张图"覆盖国网河南省电力公司本部、电科院、地市供电公司及所属县供电公司等单位。对地市所有用户进行开放，系统同时注册用户 2 万余人，并发数 500，目前已完成基础网架展示、量测数据叠加、底图影像及视频数据融合，页面平顺流畅，目前基于"电网一张图"的创新孵化项目，孕育了一大批试点先行的创新项目，其中商丘光缆可视化、驻马店地下电缆三维可视化、许昌非统调电厂数字化管控、供电方案辅助决策、分布式光伏等项目正在给基层业务部门提供支撑，以业务 + 技术的方式，驱动"电网一张图"为业务服务，辅助业务部门分析管控、辅助决策。当前国网河南省电力公司"电网一张图"为新一代应急、企业级气象数据服务中心、输电全景平台、分布式光伏全过程数字化管控应用等 19 项业务应用提供基础数据服务，选取其中 10 项应用作为优秀案例重点介绍。

3.1 新一代设备精益资产管理系统

3.1.1 建设背景

国家电网公司建设"具有中国特色国际领先的能源互联网企业"战略目

标，要求加快推进设备管理数字化转型，建设现代设备管理体系的数字化支撑平台新一代设备精益资产管理系统（PMS3.0），解决设备管理在"设备精益管理、班组作业能力、资产运营能力、创新应用能力"等方面支撑能力不足的问题。以设备管理数字化转型推动专业管理提升和业务模式创新，赋能基层班组、赋能管理决策，推进设备资产管理提质增效，实现设备安全、效能、成本综合最优。

3.1.2　应用介绍及亮点

以业务需求为导向，聚焦 PMS3.0 基础作业应用和专业管理应用，充分发挥基于"电网一张图"在基础管理、业务应用、分析决策的价值效用，通过分析 PMS3.0 基础作业数据和专业管理应用的位置空间属性，充分利用"电网一张图"拓扑分析等能力，实现巡视、变电全景、技术防汛、两票等作业上图应用，助力提升电网信息化、数字化和智能化水平。

1. 巡视管理

基于"电网一张图"，接入生产管控平台工单，汇聚设备运行状况和气候、环境变化情况等数据，开展巡视作业可视化展示、巡视计划编制、巡视过程图上管控、巡视结果分析查询等业务功能。

2. 技术防汛

技术防汛为适应不同场景下的防汛决策、防汛调度等工作，基于"电网一张图"集成暴雨致灾风险分布图、蓄滞洪区、高程图、水系图、物资分布图、队伍分布图、电网网架、气象监测站、雷达数据图、风险设备、特种车辆分布图等图层，提供防汛图层渲染与叠加技术服务。

3. 两票管理

基于"电网一张图"，工作负责人快速定位作业计划，通过工作时间、工作负责人、作业设备、作业项目等作业信息，一键生成工作票。同时基于主接线图拓扑分析服务，结合开断设备位置、分布式电源、验电接地位置等信息，辅助生成工作票安全措施、停电范围、标识牌悬挂位置等，实现工作票智能成票，减轻了班组工作负担，提高了开票规范性。

3.1.3　应用成效

　　PMS3.0 特别构建了防汛一张图系统，旨在通过全面、准确的信息展示，为决策者提供科学、高效的决策支持。该系统集成了蓄滞洪区、雷达数据图、水系图、暴雨致灾风险分布图等多种全要素防汛信息，通过不同图层的叠加与交互，决策者可以迅速掌握汛情的整体态势与局部细节，从而能够根据实际情况做出及时、合理的应对措施。这一系统的应用，不仅缩短了决策时间，还提高了决策的准确性，为保障人民群众生命财产安全、维护社会稳定发挥了重要作用。巡视管理如图 3-1 所示，技术防汛如图 3-2 所示，两票管理如图 3-3 所示。

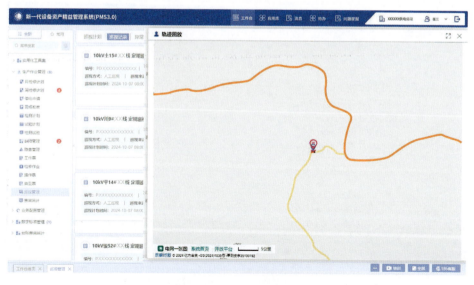

▲　图 3-1　巡视管理

▲ 图 3-2　技术防汛

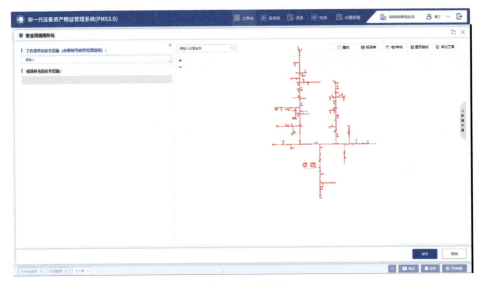

▲ 图 3-3　两票管理

3.2 输电全景

3.2.1 建设背景

公司以建设"具有中国特色国际领先的能源互联网企业"为战略目标，输电专业提出"立体巡检＋集中监控"新运维模式。结合设备管理需求，推动输电全景智慧物联监控信息体系落地，助力线路运维向"数字化""智能化"迈进，专业管理向"智慧化"提升。

2021年，国网河南省电力公司依据国网设备部指导意见开展省侧输电全景平台建设。2023年底，平台完成基础建设，实现部分功能，但仍有提升空间。2024年，为深化输电集中监控建设，国网河南省电力公司开展输电全景平台中台化演进，加快与PMS3.0融合，实现业务数据线上归集，强化数据管理，拓展高级功能，深化"电网一张图"应用，提升基础数据质量。

3.2.2 应用介绍及亮点

遵循PMS3.0顶层设计，统一模型、服务和数据标准，深化"电网一张图"应用，开展可视化监测告警、缺陷隐患热力图等场景建设，通过业务驱动，以用促治，不断提升基础数据质量。

1. 可视化装置分布图

为了高效管理和直观展示输电专业的在线监拍装置配置情况，平台采用先进的数据聚合技术，实现在线监测装置与"电网一张图"的无缝集成，有助于各运维单位迅速掌握输电通道的"集中监控"布局，清晰洞察每一处监控点的配置情况。同时，平台将在线监测装置的台账信息与输电设备进行深度整合，提供线路与杆塔的快速定位服务。运维人员只需简单操作，即可迅速锁定目标位置，通过输电设备查看所绑定的在线监测数据，支持监测数据同步查看，包括但不限于可视化图像、微气象、拉力覆冰等数据，基于这些数据，利用图表分析功能，实时呈现监测数据的发展趋势分析，极大提升现场作业的响应速度和准确性，帮助运维人员及时发现潜在问题，采取有效措施进行干预，为运维人员提供强大的数据支持与决策依据。输电全景平台在线监测装置分布图如图3-4所示，多类监测装置数据综合展示如图3-5所示。

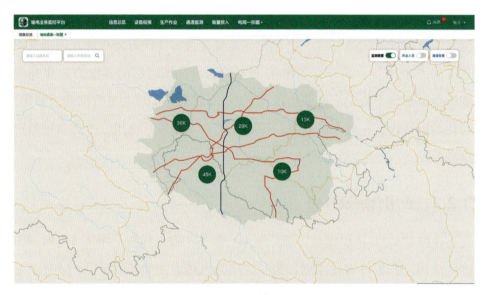

▲ 图3-4　输电全景平台在线监测装置分布图

2. 现场作业人员定位

利用输电全景平台的移动应用App，引入现场作业人员实时定位服务，周期性采集作业人员的地理位置信息，并集成到"电网一张图"，实现直观、动态展示人员分布情况。通过高精度的定位技术，管理人员可以实时掌握现场作业人员的分布情况与工作动态，更加科学、高效地调配人力资

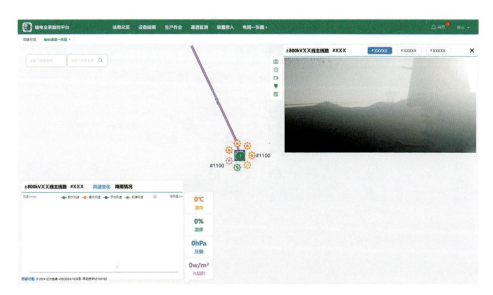

▲ 图 3-5　多类监测装置数据综合展示

源，显著提升工作效率。安全是电力作业的重中之重。平台通过实时监控作业人员的位置，能够在第一时间发现潜在的安全隐患，如作业人员误入危险区域、长时间未移动等，平台监测到危险信息立即发出预警，有效避免安全事故的发生，极大提升工作安全性。同时，平台具备作业人员移动轨迹的回放功能。为事后分析提供宝贵的数据支持，有助于优化作业流程、提升作业质量。输电全景平台现场作业人员分布图如图 3-6 所示，现场作业人员移动轨迹展示如图 3-7 所示。

3. 输电预警一张图

输电预警一张图围绕山火、鸟害、异物及外破等关键风险因素，基于"电网一张图"构建专项预警页面，实现对输电线路潜在威胁的全方位感知。每日汇总各运维单位的告警数据，运用大数据分析技术，精确计算各行政区域内可视化装置杆塔的告警发生率。直观反映各类型风险在该区域的密集程度与变化趋势，为运维决策提供数据支撑，并利用"电网一张图"的热力图形式直观展示。当某日某类型告警率超过历史平均值时，系统将

▲ 图3-6 输电全景平台现场作业人员分布图

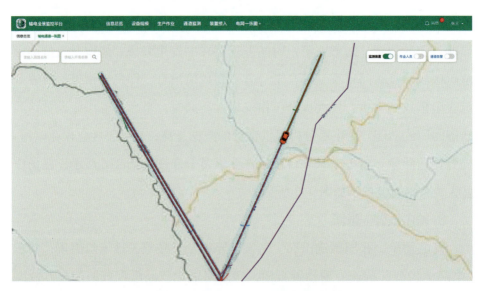

▲ 图3-7 现场作业人员移动轨迹展示

在当日结束时自动触发初始告警，通过短信、系统内通知等方式，及时告知相关责任人，确保风险信息的快速传递。若该异常告警状态持续两天及以上，系统则自动升级告警级别，触发更高级别的响应机制，以有效遏制风险升级，保障电网稳定运行。输电全景平台输电预警一张图如图 3-8 所示。

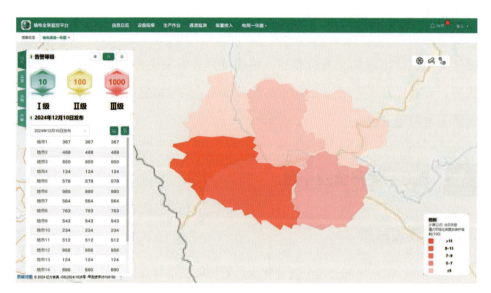

▲ 图 3-8 输电全景平台输电预警一张图

3.2.3 应用成效

（1）基于"电网一张图"，通过深度融合信息技术与电网运维需求，利用可视化智能监拍装置与人工智能识别模型，实现了输电通道隐患的实时智能监测与识别，形成了精准的外破风险热力图，为电网运维人员提供了直观、高效的决策支持，显著提升了电网安全运行的管理效能。

（2）依托"电网一张图"，构建可视化装置分布图，提供了输电通道监控布局的全面洞察与快速定位服务，结合深度整合的台账信息与多维度监测数据同步查看功能，以及实时数据趋势分析，显著提升了运维效率与决策准确性，助力运维人员及时发现并有效应对潜在问题。

（3）基于"电网一张图"定位服务，输电全景平台移动 App 实现了现场作业人员分布的动态展示与高效管理，不仅提升了工作效率，还能实时监控安全隐患并即时预警，有效保障作业安全，同时提供轨迹回放功能以优化作业流程，全面提升了电力作业的安全性与效率。

（4）基于"电网一张图"环境专题服务，实现对山火、鸟害、异物及外破等关键风险因素的全方位感知，精确计算告警发生率，及时触发并升级告警，有效提升了电网安全运维效率，确保了风险信息的快速传递与响应，保障了电网稳定运行。

3.3 生产管控平台

3.3.1 建设背景

2022年，国家电网公司下发优化生产管控体系指导意见，要求加快现代设备管理体系建设，提升设备管理精益化水平。同年12月，国网河南省电力公司生产管控中心正式运行，2023年，18家地市供电公司与3家直属运检单位生产管控中心完成挂牌。生产管控中心依据建设方案及运行管理规范，作为业务运转主体，省市两级分层分级开展业务，并向基层延伸，实现生产业务管控"纵到底"。

国网河南省电力公司生产管控平台遵循国家电网数字化架构，满足统一数据模型要求，遵循五大架构设计原则。基于多中台协同能力，整合物联感知数据，通过多种数据推送及调用方式，实现数据汇集与应用支撑，构建业务应用，支撑设备管理业务全过程。

3.3.2 应用介绍及亮点

生产管控平台采用省级部署、省市县（工区）三级应用模式。围绕信息、过程、风险、指挥四个方面，建成 PC 端、大屏端和移动端，实现输变配直专业生产信息全面归集、设备状态实时监测、设备跳闸精准研判、作业风险远程督查、生产业务闭环管控、抢修指挥支撑。

1. 设备跳闸精准研判

通过"事故信号＋开关变位＋量测突变"研判主网设备停电情况，结合作业计划、操作票等信息，过滤电网方式调整、设备检修等特殊情况，得出主网设备停运信息。基于电网拓扑关系关联 10kV 馈线、配电变压器及用户停电信息，依托"电网一张图"实现跳闸设备及停电影响范围的高亮显示。实现生产管控平台"事件化"弹窗全景展示及跳闸工单全省规模化应用。建立生产管控"事件化"信息窗口，汇集设备台账、保护报文、负荷、重要用户、抗短路风险、巡视、气象 19 类信息，实现跳闸事件自动弹窗及短信告警提醒。基于电网拓扑关系关联 10kV 馈线、配电变压器及用户停电信息，实现"主网因素"配网停电事件自动分析及短信告警，为快速准确掌握设备运行情况、及时开展现场故障抢修提供关键信息支撑，有效支撑管理人员、运维单位对于电网故障的即时感知、原因分析。

2. 生产业务闭环管控

依据生产管控中心功能定位建立工单中心，研发上线 1 类综合管理单（管理业务单）+3 类业务管控工单（异常告警单、风险预警单、过程督办单），实现输电山火告警、主变重过载告警、缺陷隐患督办、自然灾害预警等 30 余类工单的线上流转、闭环管控，通过工单流转实现主变压器重过载、缺陷超期督办等工单的省、市、县（工区）三级贯通。贯通 PMS3.0 基础作业，实现生产业务省—市—县—班组的纵向贯通，管理人员可通过平台督导工单按时处置、按期闭环，提升执行力，确保生产管控"管到底、控到位"。

3.3.3 应用成效

国网河南省电力公司生产管控平台深度融合"电网一张图"，接入电网网架、设备基本详情、站内图、运行数据等组件，开展生产管控平台深化应用。

（1）度冬保供一张图。针对度冬期间输电设备主要风险，围绕"气象、设备、通道、人员"四类风险信息状态，以及"冰情监测、固定融冰、移动融冰、人工除冰"四类监测与技防手段，基于"电网一张图"，构建度冬保供一张图，挂图作战，有效支撑全省大范围、高强度雨雪冰冻天气应对工作。基于"电网一张图"实现风险线路、观冰点、覆冰信息、应急抢修、基干抢修及移动融冰车的分布展示，依托"电网一张图"电网网架，实现拉力覆冰传感器在线监测数据实时展示，进一步提升度冬期间风险管控能力。度冬保供一张图如图3-9所示。

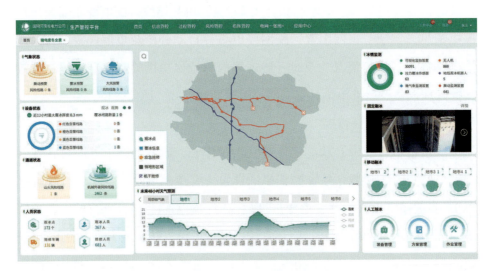

▲ 图3-9　度冬保供一张图

（2）电网气象一张图。平台依托"电网一张图"，构建"电网气象一张图"，研发防汛、覆冰、舞动预警模型，实现电网设备风险定时、定点、定量的精细化预警。通过"电力气象一张图"，可动态预测每次天气过程对设备运行的影响并发布风险预警，运维单位开展巡视并反馈现场情况。对于

Ⅱ级及以上风险，管理人员通过平台发布风险预警单，督促运维单位启动应急响应或采取管控措施。基于"电网一张图"完成冰区、风区、污区、舞区、地闪、暴雨、蓄滞洪区等26个专题图层叠加，清晰展示全省不同区域的各类风险等级。电网气象一张图如图3-10所示。

▲ 图3-10 电网气象一张图

（3）**主配网停电分析**。基于"电网一张图"，将平台研判到的跳闸告警设备进行精准定位，实现全省输电线路、主变压器、母线等主设备跳闸分布展示，结合一张图中线路走向及杆塔定位，融合可视化监拍信息，查看跳闸线路可视化图像信息。调用"电网一张图"变电站站内一次接线图及量测信息，查看站内设备跳闸时刻运行数据，有效支撑设备跳闸原因分析。变电站量测数据如图3-11所示，设备定位如图3-12所示。

（4）**重要保电支撑**。研发上线保电实时监测功能，在重大保电事件指挥管控过程中，实时掌握保电场所、保电设备台账信息、设备运行监测信息、设备运行告警等保电任务相关信息，基于"电网一张图"，实现全省各地市保电场所统计、分布，保电场所名称、责任人及联系方式，依托一张

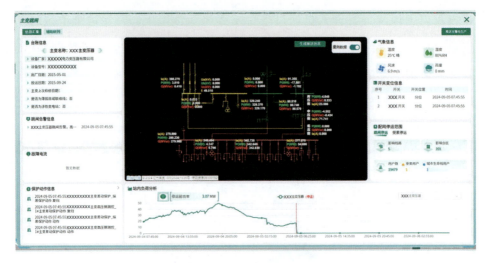

▲ 图 3-11　变电站量测数据

▲ 图 3-12　设备定位

图定位至全线功能，清晰展示保电场所的电源接线情况，通过详情进一步查看该场所的台区信息、配电变压器运行情况、馈线运行情况等信息，有效支撑全省各项重大保电工作。保电汇聚图如图 3-13 所示。

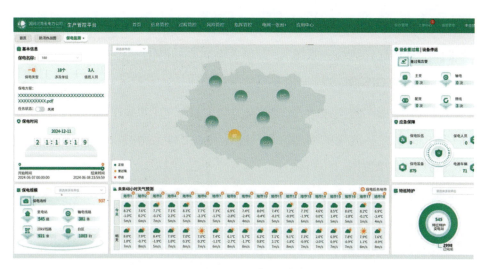

▲ 图 3-13　保电汇聚图

 ## 3.4　光缆一张图

3.4.1　建设背景

　　通信网是新型电力系统建设的重要基础，为提升通信专业运维管理水平，满足数字化转型需求，以"数据一个源、业务一条线、光缆一张图"为主线，采取多项举措：融通电网资源业务中台与 TMS 系统数据，重构全域数据，实现"通信光缆一张图"可视化；贯通多专业系统数据，促进业务协同；打造移动运检微应用，管控移动作业流程；深化数据治理，建立可视化履历资料；创建数字化移交审批流程，规范施工阶段管理。项目实施全面提升了通信光缆全生命周期数字化管理水平。

3.4.2　应用介绍及亮点

1. 构建光缆一张图

　　遵循"数据一个源"的原则，同一类数据只从同一个源头获取，电网资源数据来源于电网资源业务中台，通信资源数据来源于 TMS 系统，通过同源维护工具构建"光缆一张图"，实现光缆资源可视化。

（1）光缆 GIS 图。

利用 GIS 地图技术，融合地理、厂站、杆塔、管井与光缆数据，构建光缆 GIS 图，将全区光缆的地理位置、路径走向进行全路由实景展示。

（2）光缆单线图。

通过模数图一体化动态绘制技术，生成光缆单线图，将每条光缆从起点到终点的所有杆塔、接头盒以单线形式直观展示。

（3）光缆沟道图。

绘制光缆沟道图，展示站内引场光缆的敷设及路径走向情况，实现围墙、大门、主控室、通信机房、沟道、光缆段、龙门架等图元信息的展示与编辑。

2. 建立光缆故障快速定位算法

建立故障定位矫正算法，将 OTDR 测得的光学数据转换成地理距离，将故障点映射在具体的物理资源上，快速提取出故障点所在杆塔位置坐标，实现光缆故障的精准定位。通过故障发现、研判、定位、导航、处理全流程在线管理，实现故障定位精准化、故障处置高效化，为基层运维减负提效。通信调度员进行故障研判 Web 端下发抢修单，抢修人员移动端输入故障距离后，精准显示出故障点位置信息及相近杆塔坐标，并可通过故障点一键导航功能快速到达故障现场。

3.4.3 应用展示及成效

1. "光缆一张图"

（1）实现商丘全区 476 条 35kV 及以上线路光缆"三图两态"可视化展示。全面展示了通信光缆的资源规模、运行情况、作业状态，为光缆网的

运行、规划工作提供直观的调控管理人机交互平台。调度员通过光缆 GIS
图、光缆单线图、光缆沟道图可全面查看光缆的地理位置和运行情况，直
观了解整条光缆全线杆塔数量及接头盒信息，掌握进站光缆的敷设及路由
情况。光缆 GIS 图如图 3-14 所示，光缆单线图如图 3-15 所示，光缆沟道
图如图 3-16 所示。

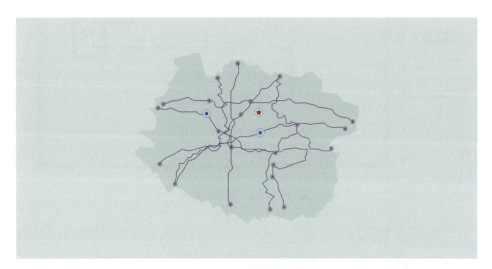

▲ 图 3-14　光缆 GIS 图

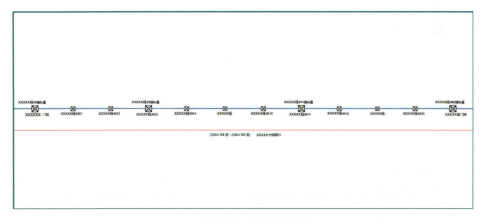

▲ 图 3-15　光缆单线图

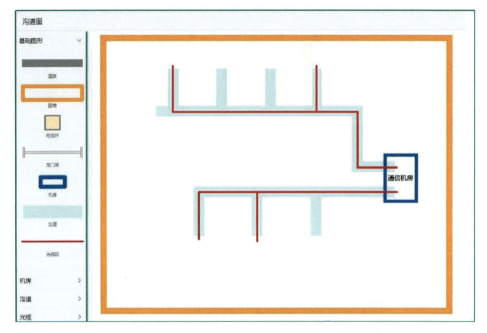

▲ 图 3-16 光缆沟道图

（2）路由智能规划，基于现网资源的运行情况及业务配置规则，辅助以智能化分析手段，为业务迂回提供最优的路径方案。在通信方式单编制、光缆中断业务抢通时，提供业务占用资源的规划配置及业务最优路径分析。路由智能规划如图 3-17 所示。

2. 光缆移动巡视

改变以往巡视结果打卡发微信群的模式，实现光缆巡视全方位在线管控，解决了光缆巡视管控工作中存在的监督不实时、工作时间和地点反馈不及时、巡视不详细、运维人员工作量统计不真实等问题。光缆移动巡视如图 3-18 所示。

3. 故障快速定位

改变传统的人工巡线查找故障点的方式，抢修人员移动端输入 OTDR 测距值，可快速精准提取出相关杆塔及光缆接头盒信息，通过一键导航，

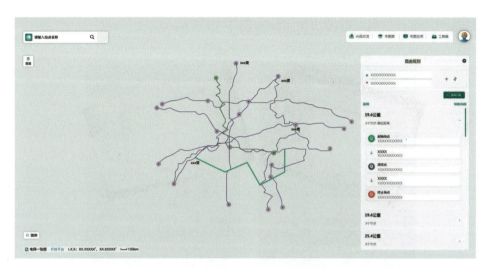

▲ 图 3-17　路由智能规划

▲ 图 3-18　光缆移动巡视

快速到达事故现场。故障快速定位如图 3-19 所示。

▲ 图 3-19　故障快速定位

目前，通信光缆实现全域 9000 余条 35kV 及以上线路光缆，直观展示光缆全线杆塔数量及接头盒信息，掌握进站光缆的敷设及路由情况。

 3.5　配电资源可视化展示

3.5.1　建设背景

为充分发挥电网资源业务中台、数据中台等平台中 10kV 出线电压电流等配网业务资源数据价值作用，融合配网间隔、廊道等未线上纳管的配网资源数据，基于"电网一张图"共建共享配网全量业务资源数据，进一步夯实配网资源数据基础底座，实现配网资源可观测、可描述、可控制，为配网规划、投资、运行、调控指挥、业扩报装等业务提供高精度数据服务。为配电网各层级人员提供可视化服务，满足配电网管理人员、资源分配人员、业扩报装人员、方案拟定人员等各层级人员的作业需求。

3.5.2 应用介绍及亮点

基于"电网一张图"的配网资源透明管理深化应用基于"电网一张图"组件平台，接入电网资源业务中台 10kV 变电站、环网柜、开关站等站房设备信息，构建包含规划态、建设态、运行态间隔、廊道资源上图展示场景；实现间隔、廊道等未管控资源的可视化场景配置及资源线上管理流程优化，智能供电方案辅助生成三大应用场景。

1. 间隔资源基于"电网一张图"上图展示场景

该场景主要实现间隔资源的信息共享及可视化管理，默认展示间隔资源现状，借助"电网一张图"强大能力，支持站房设备搜索、定位，可以按照设备类型、空闲间隔、建设状态、剩余容量进行筛选。间隔资源如图3-20 所示，查找附近间隔资源如图 3-21 所示。

配网一张图廊道界面提供资源数据透明化管理提供可视化途径，为相关部门业务作业提供可靠图形支撑，主要实现了廊道资源的信息共享及可视化管理。由于当前同源中运行态廊道数据未录入完全，所以运行态、建设态、规划态廊道分段及工井数据均为人工维护录入。此界面默认展示廊道资源。界面左侧为设备树，支持搜索、点选左侧设备树定位、选中地图设备资源，进行廊道、工井管孔使用情况查看。上方廊道状态分布，利用不同颜色标识出各廊道分段的使用情况。廊道总览，可以查看出各廊道分段位置情况。中间为廊道地理状态分布图，选中廊道分段，查看管孔使用

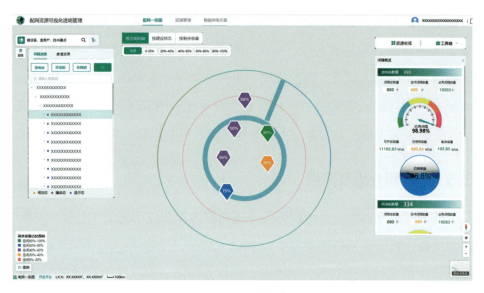

▲ 图 3-20　间隔资源

▲ 图 3-21　查找附近间隔资源

状态及所属线路、所属工程信息。廊道概览中可查看廊道占比情况、管孔使用情况，选中管控数可进入管孔列表支持廊道名称、分段名称、工井管孔名称、使用状态等条件进行筛选同时支持导出功能。廊道资源展示如图

3-22 所示，廊道资源管孔展示如图 3-23 所示。

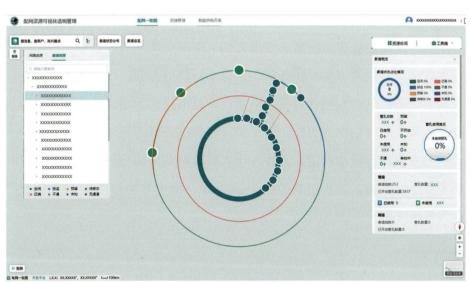

▲ 图 3-22　廊道资源展示

▲ 图 3-23　廊道资源管孔展示

2. 供电方案智能生成场景

在间隔、廊道三项数据逐步完善的情况下，结合业务部门供电方案编制规范及要求，在"电网一张图"上进一步深化业务应用场景。

相关业务部门在地图中选择业扩报装点、在右侧根据供电需求录入相应信息，主要包含申请容量、用电时间、电源点类型等，选中下一步，即可生成多类型供电方案以便选择，点选不同供电方案，图中查看供电路径及涵盖设备信息，右侧查看具体电源点、供电路径等信息，业务人员可根据此方案开展现场勘查工作，进一步完善供电方案答复单。此场景支持历史供电方案保存管理功能，支持工作人员随时调阅历史方案信息，支撑开展业务作业。输入业扩报装如图 3-24 所示，供电方案如图 3-25 所示，供电方案详情如图 3-26 所示。

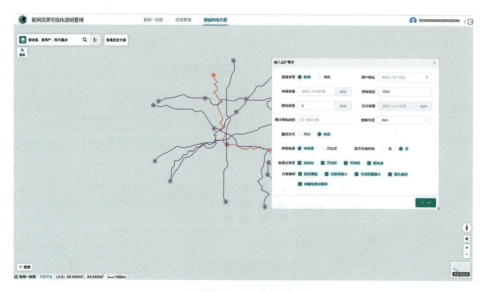

▲ 图 3-24　输入业扩报装

3.5.3　应用成效

（1）提升资源管理效率。通过直观的可视化界面，使电网配网资源的管理变得更加高效和便捷。配电网管理人员可以迅速了解廊道、间隔等资源的当前状态和规划情况，有效减少因信息不对称导致的资源浪费和错配。

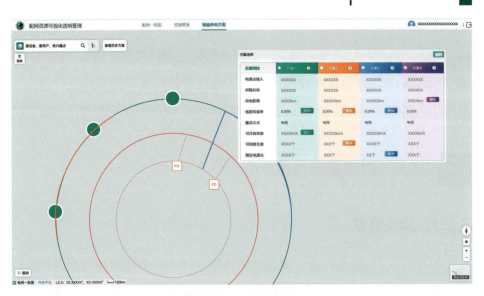

▲ 图 3-25 供电方案

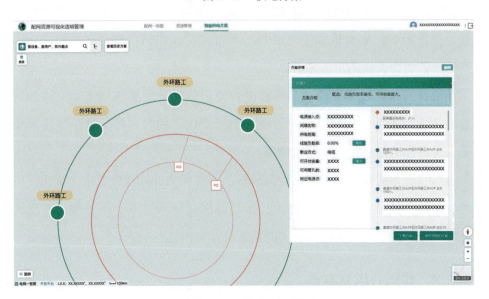

▲ 图 3-26 供电方案详情

（2）提升工作质效。资源可视化管理使资源分配更加灵活和动态。配电网资源使用人员可以根据实际需求申请资源，资源跨部门审批管理流程的优化，以更合理更科学的方式实现资源的优化配置。这种基于需求的资源配置方式，赋能基层减负增效。

109

（3）促进跨部门协作。基于"电网一张图"进行可视化展示，资源数据的共享和流通，有助于打破部门壁垒，促进跨部门之间的协作与沟通。这种协作机制的建立，有助于实现资源共建共享，降低跨部门沟通协调成本。

3.6 供电服务指挥中心

3.6.1 建设背景

2021 年 7 月 20 日，河南遭遇极端暴雨，郑州等地降雨超历史极值。作为电力营销"眼睛"的采集系统受运营商基站停运、配电室水淹等影响严重受损，终端在线率最低降至 63.5%，超三分之一台区停电事件无法及时上报，严重影响停电台区和用户研判。面对灾情，如何合理调度抢修成为国网河南省电力公司的重大考验。

为提升抢修效率，国网河南省电力公司从提升采集终端主动上报和状态感知能力入手，构建"双核驱动、多源汇聚"的台区停复电精准研判模型，输出停电信息用于应急抢修等。

同时，为贯彻国网数字化转型战略，落实相关通知任务要求，深化"电网一张图"应用，强化用图能力，推动源网荷储新要素上图管理，实现关键业务场景图上规模化应用，实时精准感知电网运行状态。

3.6.2 应用介绍及亮点

通过挖掘数据应用价值，探索实践居民小区停复电数字化监测功能建设，围绕政府关注民生、保障民生的要求，实现从专业视角向政府视角转变，积极解决服务客户最后 100m 的问题。

1. 停复电全景综合展示

基于"电网一张图"，聚焦停复电监测核心业务，围绕供电服务指挥图上管控、图上监测、图上运营建设目标，实现配网设备、小区、村庄、生命线用户、重点用户、煤改电用户停复电管控，同时将停电、抢修中、复电情况实时悬浮展示并与"电网一张图"深度联动，提升供电服务数智化指挥能力，推动电网运行状态的实时感知、精准反应，增强配网安全运行风险监测及预警能力。停复电全景综合展示如图 3-27 所示。

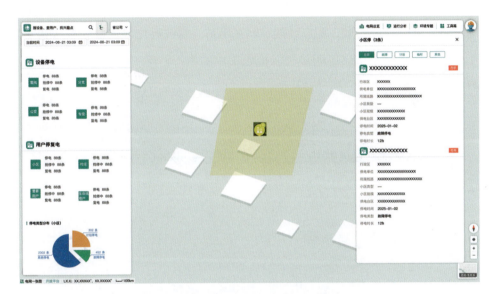

▲ 图 3-27　停复电全景综合展示

2. 小区停复电状态可视化监测

强化小区数据在供电服务中的日常应用，实现小区停复电可视化。依托"电网一张图"定位地理位置、绘制小区边界，以电子沙盘的形式实时展示居民小区"停电、复电、抢修中"三种状态，支撑供电服务抢修业务，全景掌握停电小区位置分布、影响范围及处理进度。

将小区状态按照红、黄、绿三种颜色分别对应小区的三种状态，其中红色代表小区当前正在停电，抢修人员尚未到达现场；黄色标识小区当前正在停电，抢修人员已到达现场；绿色标识小区当日 0 时后该小区停电后已复电。

同时左上角可以看到所在地区当前停电、抢修中、复电小区总数，涉及停复电用户总数，也可以打开明细，查看各个停电小区所属行政区域、供电单位、小区名称、小区规模、下辖台区、停电台区、配电位置、停电用户数、停电台区数、公共设施台区数、停电开始、停电结束时间、停电时长等信息，点击放大小区，可以看到小区的具体位置，小区边界，显示小区的详细档案信息（单位、行政区、居委会视角、台区经理视角、所属台区、所属线路、配电位置、敏感客户数量、客户经理、联系电话、煤改电用户数量等），如果该小区已派发抢修工单，可同步显示抢修工单的执行情况（包括抢修人员接单时间、到达现场时间、现场照片等信息）。小区状态监测如图 3-28 所示。

▲ 图 3-28　小区状态监测

3. 居住区档案查询

选中某一小区，可以直接查看该居住区的供电管理单位、行政区归属、详细地址、居住区类型、居住区规模、供电线路、供电台区、配电位置、下辖用户数、敏感客户数量、居住区客户经理及其联系方式。明细档案查看如图 3-29 所示。

▲ 图 3-29　明细档案查看

4. 小区数据校核

在豫电助手抢修工单中，加入小区信息核对功能，抢修人员在完成工作后，可对现场信息进行校核，促进营配调数据贯通，小区信息交叉验证，在日常工作中不断提升基础数据质量。小区数据校核如图 3-30 所示。

（1）明确七类小区判定规则。针对具备独立围墙的小区、独立楼宇、单位家属院、集中安置区等不同类型，制定建档规范，指导全省统一实施。

（2）完善七级小区标准地址。按照营销普查工作规范指引，建立七级地址（省—市—县、区—办事处—居委会—道路—小区）自动校核关系，辅助基层核查地址信息。七级小区标准地址完善如图 3-31 所示。

（3）对应台区小区住户关系。增设小区统计维度，实现小区（村庄）、台区、住户"三对应"，补充完善站房位置、供电电源、户表合表、居民户数等属性信息。台区小区关系对应如图 3-32 所示。

▲ 图 3-30 小区数据校核

▲ 图 3-31 七级小区标准地址完善

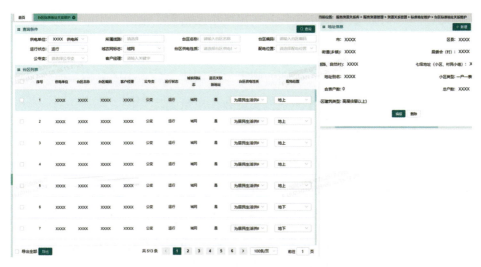

▲ 图 3-32　台区小区关系对应

（4）定位电子地图小区位置。依托"电网一张图"定位小区位置，与地址信息交叉验证，绘制小区边界，构建小区可视化图层。小区边界绘制定位如图 3-33 所示。

▲ 图 3-33　小区边界绘制定位

（5）完善业扩数据同步流程。在居民小区新装、增容、用电变更等业扩流程增加小区信息档案维护功能，设置强制校验，确保数据同步更新。

（6）增设小区信息核查规则。制定营配拓扑关系、小区名称、地理位置等主题核查规则，纳入稽查体系，实现数据质量闭环管控。

（7）与停电研判结果融合。整合 D5000、配电自动化、台区智能融合终端、用电信息采集等现有配网数据资源，构建覆盖配网整线、分支、配电变压器、重点用户的停电全场景停电精准感知模型，基于模型研判结果，通过台区小区关联关系，将停电台区与居民小区（村庄）关联匹配，实现基于"电网一张图"小区停复电可视化展示。停复电可视化如图 3-34 所示。

▲ 图 3-34　停复电可视化

5. 技术特征

（1）采用叠加分析、包含分析、相交分析技术，系统自动校验小区位置偏差情况，确保小区绘制时不超出规定范围。

（2）利用缓冲区分析、范围聚合技术，实现在绘制当前小区位置及区域范围时，实时展示屏幕范围内已绘制小区情况，优化展示性能。

（3）利用范围吸附算法、距离计算技术，确保小区绘制过程中，将临近小区边界进行自动校核吸附，优化绘制体验，辅助小区范围绘制准确美观。

（4）基于电网资源业务中台、数据中台，汇集用电信息采集、配电自动化、调度自动化、营销、PMS等多源系统数据，采用数据融合、清洗计算、数据标准化转换、多源数据交叉验证、升级研判、因果推断等技术，构建精准停复电精准研判模型，实现基于"电网一张图"的停电（站、线、变、小区、户）全链条精准监测与展示。

3.6.3　应用成效

针对政府对居民小区统计标准不统一、政企小区数据不一致、停电位置分布及影响范围无法实时掌握等问题，以"电网一张图"为底座，应用图层叠加分析、配电变压器状态图上展示以及范围聚合等技术，基于小区打点绘制范围构建小区图层，通过台区小区关联关系将配电变压器台区与居民小区（村庄）关联匹配，融合停电精准研判模型研判结果，实现"七级地址"的可视化应用，确保停电范围与居住区信息"看得清"、停电数据政企"对得上"，支撑抢修人员快速抢修以及抢修进程可视化管控。

（1）实现了供电企业数据与政府社会管理数据的有效整合，有利于在应急状态下，政府对于社会管理的整体调度管控，减少社会救助资源的窝工、浪费现象，提高应急状态下的政府指挥精准度。

（2）居民小区抢修复电可视化用于日常停复电的监控和应急状态下（例如：特大型城市防控内涝）的抢修指挥、停电监控和事后复盘分析，辅助提升抢修复电速度，以"电网一张图"可视化的形式实时展示居民小区"停电、复电、抢修中"三种状态，可以直观、快速查看停电、抢修、复电小区的位置、范围，一张图了解居民的停电状况、抢修进度，提升基层工作效率。

3.7　新一代负荷控制系统

3.7.1　建设背景

随着电力系统复杂度增加和能源需求变化，传统电网面临供需不平衡、信息孤岛、灵活性不足等挑战。为确保电力供应安全、稳定、高效，建设智能电网成为行业趋势，"负荷智能管理电网一张图"应运而生。

"负荷智能管理电网一张图"利用物联网、大数据等技术，鼓励用户参与电力调节，采用先进监控预警与自愈设计，提升电网抵御风险能力。在智能电网发展背景下，其可实现对电网负荷的全景监控与灵活调控，为构建智能电网提供支持，助力管理者决策、辅助科研，提升电网可靠性与经济性。

3.7.2　应用介绍及亮点

"负荷智能管理电网一张图"是指将电力系统中输电网络、配电设施直至用户端等各个环节的数据进行整合，并通过图形化界面展示出来的信息系统。该系统不仅能够实时显示当前电网的运行情况（如电压水平、电流强度、功率流向等），还能预测未来一段时间内的负荷变化趋势，帮助决策者及时调整策略以应对可能出现的问题或挑战。为了应对日益复杂的电力系统需求，以及不断变化的技术环境，"负荷智能管理电网一张图"需要不断地进行迭代升级。这不仅包括对现有功能的优化，还涉及引入新的技术和方法来增强系统的整体性能。例如，通过集成边缘计算技术，可以进一步减少数据传输延迟，提高实时响应速度；利用数字孪生技术，则可以在虚拟环境中模拟电网运行状态，为故障预测和预防提供更为精确的支持。

保证跨区域间不同标准的数据能够无缝对接；平衡好隐私保护与信息共享之间的关系。

"负荷智能管理电网一张图"是电网生产、运行和经营业务数字化的基础性支撑。为持续提升新型电力负荷管理系统可视化水平，拓展多维度专业数据，开展电网一张图"站—线—变—户"关联监测，负荷监测、日核电量监测，具备典型用户与上级电源、配电线路、主变压器等溯源分析，提升负荷管理业务监测能力，支撑负荷管理业务精细化发展。一是通过智能电表、传感器等设备采集电流、电压等参数。基于历史数据与外部因素（如天气、节假日）预测未来负荷变化。识别负荷突变、过载等情况，及时发出预警。二是省域内，不同时间点上电力用户消耗电能的分布情况。利用颜色深浅表示各区域的电力负荷密度，直观展示负荷热点区域。适合于快速识别负荷集中区域和负荷强度差异。准确掌握和展示这一分布，对于保障电力供应质量、优化电网结构、促进节能减排具有重要意义。三是迎峰度夏期间，气温升高导致制冷负荷激增，叠加工业生产和居民生活用电需求。将预测结果直观地展现在"电网一张图"平台上，通过颜色编码、热力图等形式，展示不同区域的预计负荷水平和潜在过载风险点。同时，结合实时监测数据，实现动态预警与快速响应。

通过"负荷智能管理电网一张图"实时监测负荷与预警，确保管理人员能够掌握最新信息。友好型的操作界面，使得电网管理人员能够直观、便捷地查看和操作，提升工作效率。通过数据分析提前发现潜在问题，发出预警，减少停电时间和范围。为电网规划、运维决策提供直观的数据支持和分析工具，帮助决策者做出更加科学合理的判断。

监测变电站下有序用电客户、需求响应用户等维度用户数量、容量、96点负荷曲线、电量变化趋势，目前正在开展功能验证。

通过智能电表、传感器等设备采集电流、电压等参数。基于历史数据与

外部因素（如天气、节假日）预测未来负荷变化。识别负荷突变、过载等
情况，及时发出预警。变电站基本台账如图 3-35 所示。

▲ 图 3-35　变电站基本台账

通过安装在电网线路上的传感器、智能电表等设备，实时采集线路电
流、电压等数据，分析线路的实时负荷水平和变化趋势，评估线路是否处
于安全运行范围内，展示线路详情信息，在线路下有序用电客户、需求响
应用户等维度用户数量、容量、96 点负荷曲线、电量变化趋势。配电馈线
基本台账如图 3-36 所示。

对配电变压器的运行状态进行实时、连续的监测与分析，展示配电变
压器详情信息，在线监测配电变压器 96 点负荷信息，配电变压器运行状态
业务功能，在线监测变电站日算日核电量信息，展示时间区域内电量信息，
监测台区下有序用电客户、需求响应用户等维度用户数量、容量、96 点负
荷曲线、电量变化趋势。单线图如图 3-37 所示。

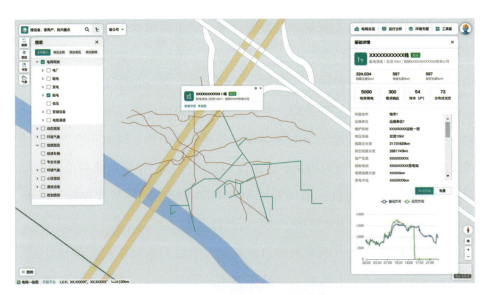

▲ 图 3-36　配电馈线基本台账

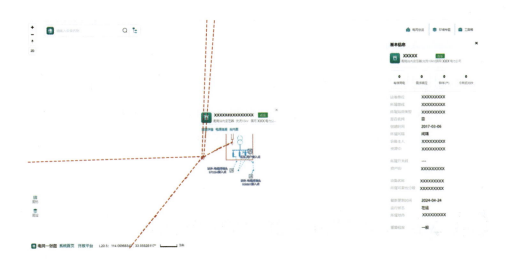

▲ 图 3-37　单线图

3.7.3　应用成效

充分发挥基于"负荷智能管理电网一张图"在基础管理、业务应用、分

121

析决策的价值效用。①依据负荷预测合理配置电源结构，提高能源利用率不仅提高了电网管理的精细化水平，还增强了电网应对各种复杂情况的能力，保障了电力系统的安全、稳定、高效运行。②通过集中监控，减少人工巡检，及时发现并处理故障，降低运维成本帮助电网企业提高能源分配效率，通过精细化管理减少电能损耗，促进节能减排，同时提升客户服务质量和满意度。③实现对电网异常情况的即时预警，预防大面积停电事件，确保供电安全不仅提高了电网管理的透明度和效率，还为实现绿色低碳、安全高效的能源供应体系提供了强有力的技术支撑。

负荷管理在现代电网运营中扮演着至关重要的角色，它涉及对电力系统中负荷需求的预测、监控，以确保电网的稳定运行、高效利用资源并满足用户需求。将"电网一张图"概念融入负荷管理中，其必要性主要体现为：①实时监控与快速响应。通过"电网一张图"，可以实现实时监测各区域的负荷变化情况，及时发现过载、不平衡等问题，并迅速采取措施进行调整；②全局视角下的统一管理。"电网一张图"为电网管理者提供了一个集成化的视图，将复杂的电网结构、设备状态、负荷分布等多维度信息集中展示在同一张图上。有助于实现对电网资源的统一调度和优化配置监测变电站下有序用电客户、需求响应用户等维度用户数量、容量、96点负荷曲线、电量变化趋势。

3.8 分布式光伏全过程数字化管控应用

3.8.1 建设背景

近年来，河南省分布式光伏发展迅猛，由此带来的光伏报装超容、台区频繁反向重过载、台区和线路作业安全风险日益突出，发展、营销、设备、调度等各专业对分布式光伏管控需求愈加迫切。国网河南省电力公司通过打造基于"电网一张图"的"一站式"分布式光伏全过程管控体系，开展"可开发＋可开放"容量计算、报装工单全流程跟踪、高精度功率预测、"刚柔并济"精准调控，支撑分布式光伏建设规划、报装接入、运行监测、调节控制等全过程管控集约应用。

3.8.2 应用介绍及亮点

基于"电网一张图"强大的可视化能力，聚焦分布式光伏有序报装、承载力精准提升、调控策略灵活应用、安全管控智能辅助，提炼各专业典型业务，支撑发展、营销、设备、调度等专业分布式光伏场景应用。分布式光伏业务架构应用如图3-38所示。

▲ 图3-38 分布式光伏业务架构应用

1. 构建"红黄绿"排队机制，辅助光伏有序报装

依托"电网一张图"作为底图，通过定期计算并面向全社会公布可开

放容量红、黄、绿评估等级在地图上的分布情况，构建分布式光伏承载力
评估和可接入容量测算模型，创新推动省发展改革委向全社会发布红、黄、
绿可开放容量评估等级，并将乡镇可开放容量细化至线路级、台区级，构
建红黄绿排队机制，辅助分布式光伏合理规划和有序报装，为电网和设备
投资规划提供支撑，为政府制定合理的分布式光伏开发政策提供依据。2024
年1~6月，按月开展滚动测算，覆盖济源全域16个乡镇，有效保障了分
布式光伏项目的合理布局和电网的稳定运行。济源数智化新型配电网运营
指挥平台如图3-39所示。

▲ 图3-39 济源数智化新型配电网运营指挥平台

2. 开展报装超容预警，实现报装风险精准管控

接入营销系统在途报装工单，基于"电网一张图"实现光伏开放容量、
在途备案容量、已并网容量、配电变压器设备约束容量等数据的流转共享。
结合变电站、线路的可开放容量开展比对分析，研判发现变电站、线路存
在的报装超容风险，及时发出报装超容预警，辅助营销专业对后续报装工
作进行管控，减少因在途报装用户过多而导致的并网压力，合理减轻用户

投资风险。2024 年以来，在济源累计辅助光伏报装 1385 户，生成超容预警 122 例。

3. 构建站一线—变多层级功率预测模型，支撑分布式光伏公平性调控

结合分布式光伏台账数据、"电网一张图"的坐标信息、运行数据、网格气象数据、高精度数值天气预报数据等信息，构建变电站—线路—台区多层级短期和超短期功率预测模型（未来 7 天短期预测准确率可达 90%，未来 4h 超短期预测准确率可达 95%）。提供光伏用户累计调节时长一致性和单位容量调节电量一致性评估服务，为调度和设备专业合理制定公平调控策略和安排群控群调提供支撑，在电网安全运行的前提下，最大化保障用户收益。截至 2024 年 6 月底，已实现济源全域 2148 个台区、199 条线路、40 座变电站的分层分级超短期、短期功率预测。光伏出力预测如图 3-40 所示。

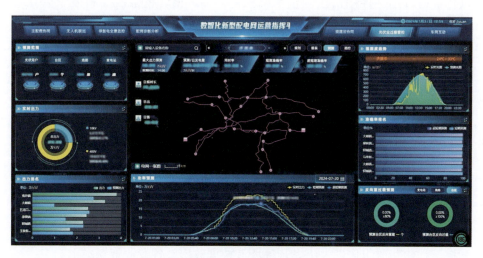

▲ 图 3-40　光伏出力预测

4. 报装超容预警辅助光伏报装（典型案例）

2024 年 3 月通过统计即期报装和在途报装的分布式光伏用户报装容量，

结合基于"电网一张图"构建的区域红橙黄可开放容量承载力等级分布情况，以及台区、线路的可开放容量进行比对分析，发现 10kV 固 5 板（黄口）线所在地图区域的可开放容量承载力等级已为橙色，该线路存在报装超容风险，超容容量 396kW，及时发出报装超容预警，辅助了营销业务部门对后续报装工作进行管控，避免了因即期报装容量过多而导致超出该线路的可开放容量承载能力。

5. 反向重过载预警辅助光伏调控（典型案例）

2024 年 5 月 7 日 12 时 16 分地调监测到在"电网一张图"上有反向重过载分布点在闪烁预警，发现 35kV 济源王屋变 1 号主变压器出现反向重过载，需要压降光伏出力 6.42MW。分布式光伏全过程管控平台进行策略分解，以"刚性控制快速响应，柔性控制精细调节"的"刚柔并济"策略，辅助分布式源网荷储协同控制系统将刚性控制指令拆分后下发至用采系统执行，通过刚性控制快速调整到调控目标临近值，将柔性控制指令拆分后下发至配电自动化云主站执行，通过柔性调控逐步微调修正到目标值，既实现了主变反向重过载自动治理，又保障了用户发电收益。

3.8.3 应用成效

（1）打造专业协同管控模式，充分考虑各专业对于分布式光伏的管控需求，发挥"电网一张图"的优势贯通分布式光伏管控全过程，明确各专业工作内容和贯通各专业数据，构建企业级协同管控模式，打造了一套"分布式光伏一张图"，有效避免重复建设和重复投入，实现分布式光伏全过程管控流程化和透明化，大幅提升各环节办理效率、各专业管控水平。

（2）大幅降低报装超容风险，依托"电网一张图"作为底图，通过定期计算并面向全社会公布可开放容量红、黄、绿评估等级在地图上的分布情况，结合评估等级对台区分布式光伏报装情况定时分析，及时推送报装超容预警，实现分布式光伏有序报装管控。

（3）**有效减少反向重过载情况**，借助"电网一张图"的强大可视化能力，实时监测分布式光伏反向重过载、电压越限等分布点，结合分布式光伏短期和超短期功率预测模型，完成济源全域变电站、线路、台区的多层级、细粒度功率预测。基于开展设备、线路反向重过载预警，制定合理调控策略实现光伏有效调控，降低台区、线路、变电站反向重过载情况风险。

 ## 3.9 新一代应急指挥系统

3.9.1 建设背景

新一代应急指挥系统（SG-ECS）建设严格遵循企业中台技术架构，全面集成气象、电网、用户、视频、资源等各专业数据信息，以"电网一张图"为载体、结构化预案为驱动，目前已具备应急值班管理、应急态势感知、应急资源监测、预警分析研判、预警行动闭环、灾损实时统计、应急作战一张图等核心功能，制定配套规章制度，全面支撑应急管理24h常态值班、预警响应和应急响应，提升应急工作实时化、可视化、智能化、数字化水平。

3.9.2 应用介绍及亮点

新一代应急指挥系统基于中台架构、横向融合内外部信息、纵向穿透各层级的企业级综合应急指挥平台。纵向上，系统采用国网总部、省公司两级部署，总部、分部、省、市、县公司五级应用的模式，实现了应急工作的分层分级一体化管理。横向上，统筹公司设备、营销、调度、物资等专业能力，汇集电网运行、设备状态、用户供电、气象预警、地质水文、

新闻舆情等内外部信息，支撑公司应急准备、监测预警、应急处置等多个
应急工作场景。

1. 电网设备精准监测

通过集成"电网一张图"站内图、测点视频服务能力，接入变电站、输
电线路测点视频数据，实现视频图像在"电网一张图"上的准确叠加，减少
ECS 视频绑定工作。当变电站或输电线路杆塔周边发生山火、水淹等突发事
件时，可通过精准调阅变压器、高压电抗器、杆塔等设备的视频，及时监测
了解设备运行状态及周边环境，辅助开展灾害影响评估及故障定位，有效提
升防灾减灾能力，全力保障电网安全稳定运行。站内视频如图 3-41 所示。

▲ 图 3-41　站内视频

2. 电网拓扑便捷分析

基于"电网一张图"拓扑服务能力，参考调度地理接线图标准，打造电
网接线图功能，可直观了解变电站的上下级电源拓扑关系，在电网设备突
发故障情况下，能够主动评估分析故障设备的影响范围，支撑应急指挥现
场对电网设备上下级关系的快速溯源以及故障站线应急抢修策略制定。电
网接线图如图 3-42 所示。

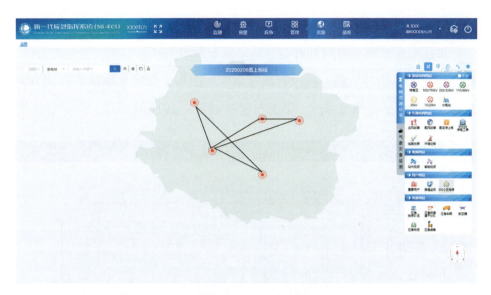

▲ 图 3-42　电网接线图

3. 电网故障精准感知

以"电网一张图"为基础底座，全面接入电网资源业务中台配网停电数据，提升 ECS 系统配网故障数据可靠性，支撑应急抢修工作的快速开展，缩减停电时间，提升客户优质服务水平。故障数据如图 3-43 所示。

▲ 图 3-43　故障数据

129

4. 电网态势感知—变电站平面布置图

快速定位并第一时间查看变电站平面布置图，对下一步应急处置工作，提供科学严谨指导依据，同时，通过画笔、图形、文字等标注工具，为决策管理提供便捷的图上推演。平面布置图如图 3-44 所示。

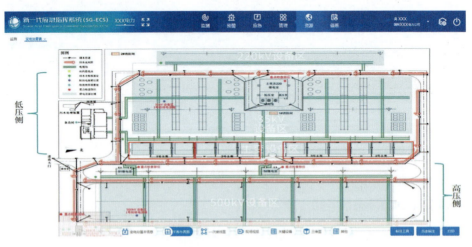

▲ 图 3-44 平面布置图

5. 电网态势感知—变电站一次接线图

日常工作或应急突发事件处置过程中，通过一次接线量测图，快速定位关键设备视频测点，查看视频，确认设备是否完好，对关键设备量测数据计算，可初步分析定位故障原因。在特殊情况下，也可通过一次接线图纸，图上搜索查找关键设备信息。在一次接线图中也可进行简要标注和图上推演。一次接线图如图 3-45 所示。

6. 电网态势感知—变电站要素

基于"电网一张图"三维场景能力，汇聚各专业各单位的地理三维数据（包含亚米级遥感影像、无人机航飞影像、数字高程模型）与电网三维空间数据（包含激光点云、倾斜摄影、电网三维设计模型（GIM）、精细化三维模型），实现电网设备及周边环境的高精度三维展示，同时结合变压器的剖

▲ 图 3-45　一次接线图

面图、结构图等信息，可快速了解电网空间结构及设备的构造情况，为故障设备的应急抢修提供三维信息支撑。

网态势感知—灾损态势感知：为进一步完善突发事件应急处置中 ECS 系统信息整合展示功能，加强灾情影响态势动态感知能力，实现应急处置要素信息"全面感知"。增加灾损状态感知功能，优化灾损信息展示形式，将变电站、线路、用户灾损情况，以设备站线高亮变色和热力图等形式展示，支撑电网防灾抗灾指挥部署。灾损状态感知如图 3-46 所示。

7. 电网态势感知—应急资源周边情况

支持查看周边应急队伍、装备、车辆等应急资源分布情况。结合队伍、车辆、装备、物资等资源定位，自动分析形成应急资源"保障圈"，结合实际抢修需求，快速调配周边应急基干队伍、应急照明灯、灭火器、受损设备备件等资源支撑处置抢修工作，极大提升了现场感知能力及应急抢修效率。变电站应急周边资源如图 3-47 所示。

8. 突发事件快速指挥

借助"电网一张图"信息全面、加载速度快等优势，面对重大突发事件

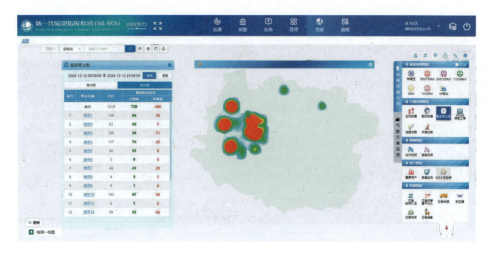

▲ 图 3-46　灾损状态感知

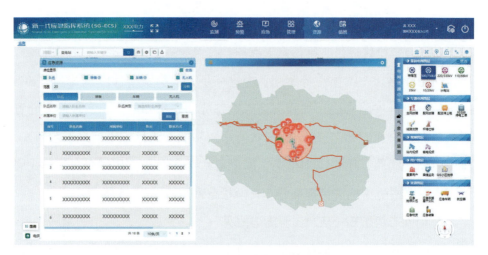

▲ 图 3-47　变电站应急周边资源

或自然灾害导致的倒塔、断线等电网故障，可快速对故障地点、影响范围等信息进行标注，减少地图信息加载卡顿对图上标绘的影响，节省图上标绘时间，极大提升图上作战指挥效率。图上标绘如图 3-48 所示。

9. 预警应急精准研判

通过与"电网一张图"集成，接入气象中心的降水、风速、雷达、温

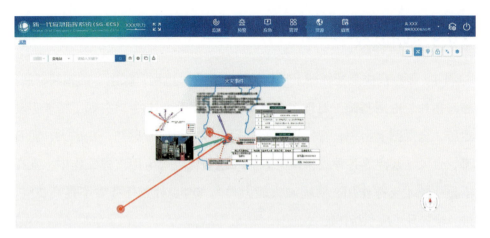

▲ 图 3-48　图上标绘

度等预报、实况及台风、覆冰、舞动等灾害预测数据，有效提升气象数据精细度、影响设备精准度，有力支撑各单位开展监测预警工作。面对台风、暴雪、雨雪冰冻、极端寒潮、持续高温等极端天气，各单位可结合气象灾害与"电网一张图"网架信息，精准研判灾害对电网设备的影响，及时准确启动预警应急响应，科学有效下达预警应急任务，提前部署抢修设备和物资，有序开展灾害防御和抢险救灾工作。气象数据如图 3-49 所示。

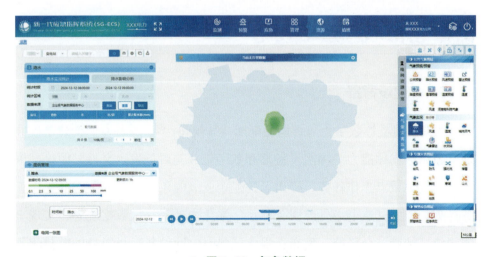

▲ 图 3-49　气象数据

3.9.3 应用成效

（1）新一代应急指挥图上应用推广，融合"电网一张图"的视频调阅、静态拓扑、电网基础、地理图、气象可视化等服务能力，实现了精准主动预警、全景图上指挥，智能资源调配、电网态势实时感知，在山火、泥石流、台风、寒潮等各种灾害应急处置与重要保电等应用支撑工作中，发挥了重要技术支撑作用。防灾减灾能力提高 30%、处置任务效率提高 20%，进一步提升了应急指挥能力。

（2）解决了地图展示卡顿、站线台账数据不准、网架断线等问题，提升了省侧 ECS 系统电网数据一致性、准确性及加载速度。初步实现电网态势实时感知、全景化图上指挥，并进一步提升应急指挥能力。

（3）支撑电网设备精准监测、电网拓扑便捷分析、电网资产全盘查看、电网故障精准感知、突发事件快速指挥、预警应急精准研判 6 大典型应用场景，实现精准主动预警、智能资源调配、提升电网快速响应、防灾抗灾等能力提升。

3.10 企业级气象中心

3.10.1 建设背景

为高质量支撑数字化与智能化电网"气候弹性"，为各专业构建基础共性气象服务支撑能力。国网设备部和数字化部先后下发了文件，明确部署了电力气象重点工作任务，提出了构建企业级气象数据服务中心的工作任务计划。着力打造电力气象服务体系，强化内外部气象数据统筹，实现全公司统一纳管、全局统一发布；强化气象对电网设备运行影响的差异化预警，进一步深化监测数据在灾害预测中的应用，增强气象数据对新能源功率预测、负荷预测的支撑能力。打造气候弹性强、安全韧性强、调节柔性强、保障能力强的数字化与智能化坚强电网，服务新型电力系统和新型能源体系建设。

3.10.2 应用介绍及亮点

企业级气象数据服务中心基于"电网一张图"构建了气象综合能力展示平台，实现了气象图层、气象服务、数据监控、应用场景等四大功能。

1. 气象图层方面

气象图层依托"电网一张图"集中展示了气象中心所有 399 项气象数据的可视化展示图层，具体包括公共气象数据和电力专业气象数据两个板块。每一类气象数据可视化图层基于"电网一张图"实现了气象图层与地理图层、电网网架设备图层的动态叠加分析，并提供时间轴自动播放、图例、分析统计面板和图层交互等功能，为各电网专业气象应用场景提供了可视化功能基础能力组件和应用范例。气象中心气象图层—国家基本气象站如图 3-50 所示，气象中心气象图层—未来 72h 预报如图 3-51 所示。

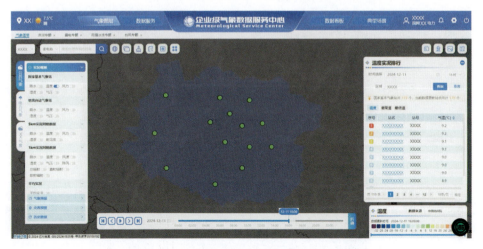

▲ 图 3-50　气象中心气象图层—国家基本气象站

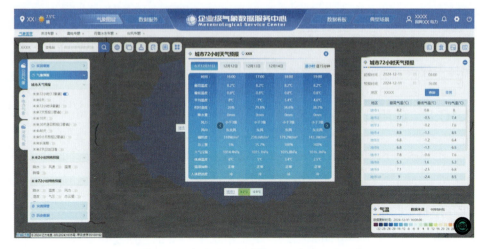

▲ 图 3-51　气象中心气象图层—未来 72h 预报

2. 气象服务方面

气象服务功能是气象中心对外提供的所有 33 项数据服务的服务目录说明，包括服务接口出参、入参、示例等，为应用服务调用提供技术支撑。同时通过对服务调用情况的监控，实时展示气象中心各个服务接口的调用次数、调用延时、调用状态等信息，统计分析气象中心服务应用情况。气象中心气象图层—暴雨洪涝专题如图 3-52 所示。

▲ 图 3-52　气象中心气象图层—暴雨洪涝专题

3.数据监控方面

数据监控功能包括数据链路监控、数据精度评估、数据资产目录、数据运营看板等。数据链路监控实现了对所有气象数据接入、解析、分发等全过程的时效性、完整性、可用性指标监控，支撑气象中心常态化运营工作。数据精度评估实现了对多源气象数据的精准性评估分析，为用户提供最优数据源选择支撑。数据资产目录集中展示全省接入的气象数据资产目录。数据运营看板通过大屏可视化方式展示气象中心的数据资产、数据链路、数据应用等情况。

4.应用场景方面

应用场景功能集中展示了灾害专题和典型应用样板间两类应用。灾害专题包括山火、洪涝、雷电、覆冰四类专题场景，支撑公司迎峰度夏和度冬期间的典型灾害事件。典型应用样板间包括输电、配电、变电、应急、新能源功率预测等五个专业的气象应用样板，为各专业气象应用建设提供参考。

（1）暴雨洪涝影响设备精准分析。

基于河南防灾减灾中心构建的洪涝灾害风险预测预警模型，叠加"电网一张图"，实现存在洪涝风险设备的精准分析预测，支撑各单位开展变电站受淹风险实时分析，实现对全省变电站设施周边洪涝灾害淹没精准定位和预警，增强电网防汛能力。

（2）雷电灾害预测分析。

基于雷达格点实况、闪电点位实况、雷电点位实况数据实现雷电灾害影响点位的监测，支撑各单位利用雷电历史落点、监测数据及预报数据，叠加"电网一张图"，构建电网设备落雷预测分析模型，实现雷电精准预测预警，增强电网防雷能力。气象中心气象图层—雷电专题如图3-53所示。

（3）雨雪冰冻专题。

提供不同周期和精度的气象预警服务，结合"电网一张图"，精准判断

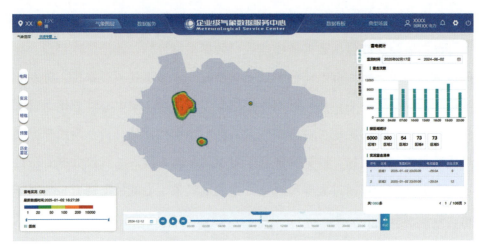

▲ 图 3-53　气象中心气象图层—雷电专题

覆冰影响线路杆塔、变电站房、配电台区及重要用户范围，支撑公司的保电工作，发布灾害相关预警，指导专业班组开展值守、特巡行动。提升应急指挥精准性和及时性，支撑灾前预测、灾中全程实时气象监测和灾后事件反演。气象中心气象图层—雨雪冰冻专题场景如图 3-54 所示。

▲ 图 3-54　气象中心气象图层—雨雪冰冻专题场景

3.10.3 应用成效

企业级气象数据服务中心通过与"电网一张图"的高度集成，实现了34项标准服务及59项高级可视化组件服务的调用能力，能够为接入"电网一张图"的业务系统提供公共气象数据及电力专业气象数据的共享分发、灾害预警的订阅推送、气象图层可视化（CBB）服务的引用接入等。同时，"电网一张图"气象数据可视化高级接口采用了面向对象方法进行封装，支持各业务系统通过内嵌、调用"电网一张图"等方式实现企业级气象服务的引入。目前已支撑设备、安监、发展、营销等专业统推及个性化专业系统的气象服务改造。

同时，通过"电网一张图"，实现了在电网防灾减灾、新能源及负荷精准预测、生产管理等业务场景的提质增效，全面贯通新一代应急指挥系统、生产管控平台、新能源出力预测等业务系统，实现了气象数据与电网生产体系深度融合，将气象灾害数据嵌入业务流程。通过融合"电网一张图"网架信息实现电网设备的预测预警，实现了洪涝、雷电、山火预测预警与设备故障的纵向贯通，有效支撑基层人员开展精准作业，满足本地气象应用需求。

（1）电网防灾减灾：基于"电网一张图"实现不同周期和精度的气象图层展示，支持开展影响设备灾害分析，在迎峰度冬、迎峰度夏期间提供覆冰、舞动、台风及强对流天气影响线路杆塔、变电站等设备设施的预测预警。度夏期间支撑新一代应急指挥系统发布预警应急337次，行动任务986次；支撑生产管控平台发布预警记录120余次，预警报告380余条，灾害风险预警46余次，为电网防灾减灾建立了第一道防线。

（2）安全生产作业：基于"电网一张图"实现了与安全风险管控平台的业务内嵌及不同气象条件下的作业管控风险分析。通过实况影响作业分析、气象预报影响作业分析等功能，将气象灾害影响嵌入作业风险的业务流程，实现对所辖区域内超过设定阈值的高风险作业分布情况展示及统计，辅助规避高风险作业问题的发生。同时，通过与统一视频平台历史视频记录的联动，实现了气象预警、安全生产、验证反馈的业务闭环。

（3）**新能源出力预测**：基于"电网一张图"，充分结合调度业务需求，将气象数据服务中心的天气预报、辐照、云图等数据结合发电用户信息表、计量与电能信息表、光伏实时出力信息表、光伏历史出力信息表等数据，以计量点为最小单位，构建出力预测数据关系，实现省—市—区县三级的新能源功率短期、超短期、中期的预测服务。

（4）**电网发展规划与设备改造**：基于"电网一张图"，实现冰区、风区、舞动区域分布图以及雷电、山火、地质、暴雨致灾等风险分布图的生成与发布，在电网规划设计、建设施工、运维改造等阶段提供基于电力气象的辅助分析能力，为各级电网补短板改造、跨区域防灾能力加强、地下配电房防汛提升、易滑坡区域杆塔加固等环节提供气象服务支撑。

（5）**电力气象专题场景构建**：基于"电网一张图"，充分发挥电网各业务领域与气象数据的融合贯通，重点分析气象致灾机理，实现规模化灾害专题场景的多样化构建，为各业务领域如何使用气象数据赋能业务生产提供样板化思路。其中，通过暴雨洪涝专题场景，构建了洪涝风险预测及淹没风险预测模型，实现了向与"电网一张图"贯通的各业务系统提供洪涝预测预警服务的能力，从而为各级业务系统、各专业系统如何以自身视角开展防汛工作提供了场景化样例。通过雷电灾害场景，提供了实时及预报落雷区域分析，实现了历史落雷区域及设备防雷设施安装情况的数据集成，形成了设备防雷承载力评估、因雷停电分析等应用集合，为输、变、配电防雷避雷提供了数据应用案例。

　　通过"电网一张图",企业级气象数据服务中心实现了气象数据价值的有效发挥,与业务系统及生产环境实现了深层嵌入,同时,通过对各业务环节、业务场景的反馈闭环,实现了自身模型优化、数据精准的提升目标,从而全面推动了电网的数字化转型。

4 应用展望

4.1 "电网一张图"三维化发展应用

随着数字化转型的深入和新兴技术的成熟，"电网一张图"向三维化方向发展已成为必然趋势。它能够提升电网规划与设计的精准性，优化布局，减少设计变更；增强电网运行与维护效率，实现设备实时监控、智能巡检与快速故障处理；助力电网应急与保电工作，提供决策支持，保障供电安全；推动电网数字化转型与创新发展，打破信息孤岛，实现数据共享与业务流程优化，为电网的高效运行和可持续发展提供有力支撑。

"电网一张图"向三维化发展的主要方向包括以下维度：

（1）在技术驱动的三维可视化升级上，运用高精度三维建模技术如 BIM、倾斜摄影构建电网设备数字孪生体，实现物理与虚拟实时映射；

（2）在集成混合现实技术，让运维人员能在真实环境中获取设备实时数据和历史记录；采用 WebGL、GPU 并行计算等技术实现海量数据流畅渲染及传输效率优化。

（3）在智能化应用拓展方面，于三维空间中开展电网拓扑分析、新能源接入选址等工作，借助无人机与机器人协同实现复杂地形巡检，结合气象数据进行灾害预警与应急推演。

（4）生态化与平台化发展上，实现跨行业数据融合，构建综合管理平台；开放 API 吸引第三方开发定制化工具；采用云边端协同架构降低对中心服务器依赖。"电网一张图"三维化发展应用如图 4-1 所示。

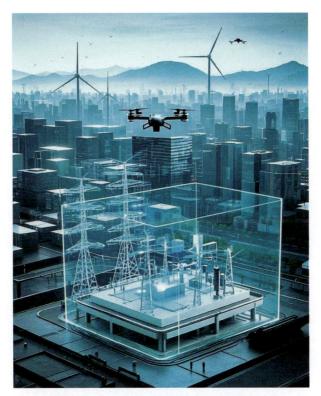

▲ 图 4-1 "电网一张图"三维化发展应用

不合理导致的变更，有效降低建设成本，提高资源利用效率。运行维护方面，设备实时监控与智能巡检的深化，将进一步提升运维效率，及时发现并处理潜在故障，降低设备故障率，延长设备使用寿命。应急保电工作中，借助先进的灾害预警和应急推演技术，能更科学地调配抢修资源，快速恢复供电，极大提升电网的韧性和可靠性，保障社会生产生活的正常用电需求。在数字化转型和创新发展上，打破信息孤岛后的数据共享和业务流程优化，将催生更多创新应用和服务模式，推动能源互联网的发展。在元宇宙框架下,"能源元宇宙"的形成可实现用户侧虚拟电厂的互动参与,提升电力系统的灵活性和响应能力。AI自主优化能生成更科学的电网升级方案,通过模拟推演确保方案的可行性和有效性。零碳可视化助力"双碳"目标落地,促进电网向绿色可持续方向发展,引领新型电力系统建设,为经济社会的低碳转型提供坚实的电力保障。

电网"一张图"的三维化不仅是技术升级,更是管理模式的重构。通过融合数字孪生、人工智能、混合现实等前沿技术,未来三维电网平台将实现从"看见"到"预见"、从"管理"到"智理"的跨越,成为新型电力系统建设的核心支撑。

 ## 4.2 "电网一张图"保供电应用

在重大活动保障、应急抢险、关键区域供电等场景中,保电(电力保障)是电网安全稳定运行的核心任务。随着"电网一张图"技术的深化应用,其在保电领域的价值将进一步凸显,未来将在精准监测、智能决策、快速响应和协同管理方面实现全面升级。

在技术支撑层面,集成多种数据源实现全域实时感知与预警,利用AI模型预测风险;构建数字孪生模型进行仿真推演,优化应急预案;部署边缘计算节点实现快速响应。应用场景方面,重大活动保电中精准预测负荷并动态调度,实时管理移动式保电资源;灾害应急保电时预判灾害链风险,快速重构微电网;城市核心区高可靠供电中实现配网自愈和电缆隧道智能巡检。生态协同上,实现跨部门协同指挥,与多部门系统对接;鼓励用户侧互动参与,开放部分权限;搭建产业链协作平台,确保数据可追溯。绿色保电方面,进行绿电溯源与碳足迹管理,优先接入清洁能源;部署光储充一体化移动式微电网。政策与标准化推动上,制定保电场景技术规范,确保任务无缝衔接；推动市场化激励机制，量化服务质量。"电网一张图"
保供电应用如图 4-2 所示。

▲ 图 4-2 "电网一张图"保供电应用

在技术支撑的助力下，能够提前发现潜在故障隐患，有效降低设备故
障概率，提升电网运行的稳定性。应用场景的拓展使得在重大活动保电时
关键设备供电零中断，保障活动顺利进行；灾害应急保电时能快速恢复关
键负荷供电，减少灾害损失；

城市核心区实现"分钟级"自愈，提升用户用电体验。生态协同实现了
多主体高效联动，提高保电任务的执行效率和资源利用效率，用户侧的参
与也促进了需求响应的优化。绿色保电减少了碳排放，生成"绿色报告"，
推动碳中和目标实现，同时降低噪声污染。政策与标准化的推动确保了保
电任务的规范性和一致性，市场化激励机制激发了各方积极性，提升了保
电服务质量。

4.3 无人机数据采集及自动数据治理

随着无人机技术和人工智能（AI）的快速发展，"电网一张图"在数据采集和自动数据治理方面将迎来革命性变革。无人机作为高效、灵活的数据采集工具，结合自动数据治理技术，将为"电网一张图"提供更精准、实时、全面的数据支持。

在技术支撑层面，无人机与智能系统的深度协同。无人机技术与人工智能、边缘计算等新一代信息技术的深度融合，将彻底改变电网空间数据的采集、处理和应用方式，推动电网一张图向实时化、智能化、自主化方向演进。在数据治理体系化演进方面，从采集到分析的全流程自动化治理，无人机数据采集技术的革新正推动电网数据治理体系向全流程自动化、智能化方向进化，形成"精准采集—动态更新—智能分析"的完整闭环，彻底改变传统依赖人工的数据治理模式。政策与标准化推动上，支撑低空数字经济建设无人机在电网领域的规模化应用需要政策引导与标准保障。随着低空经济纳入国家战略，电网无人机应用将迎来系统性政策支持，形成"技术—管理—安全"三位一体的制度体系。

通过无人机数据采集及自动数据治理，能够提前发现潜在故障隐患，有效降低设备故障概率，提升电网运行的稳定性。灾害应急保电时能快速恢复关键负荷供电，减少灾害损失；城市核心区实现"分钟级"自愈，提升用户用电体验。无人机数据采集与自动数据治理技术的结合，将为"电网一张图"带来前所未有的发展机遇。未来，随着技术的不断突破和应用场景的拓展，无人机将成为电网数据采集的核心工具，而自动数据治理将确保数据的精准性和可用性。这两者的深度融合将推动"电网一张图"向更高层次的智能化、数字化迈进，为电网的安全、高效、可持续发展提供强大支撑。相关应用分别见图4-3～图4-7。

▲ 图 4-3 车载北斗终端

▲ 图 4-4 手持北斗终端

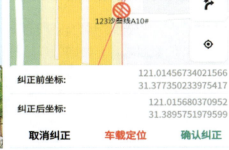

▲ 图 4-5 北斗终端纠偏

▲ 图 4-6 坐标采集过程

▲ 图 4-7 坐标采集结果上传

4.4 "移动电网一张图"的建设

随着能源数字化转型的加速,"移动电网一张图"作为电网智能化管理的核心工具,未来将在技术、应用和生态方面迎来更广阔的发展空间。

在技术层面,促进 5G 与物联网深度融合,利用 5G 的高速率和低延迟特性实现海量设备实时接入,结合物联网实现精准数据采集与传输;深度应用人工智能与机器学习,运用 AI 算法提升电网智能化水平,实现故障预测、负荷优化等功能。

普及数字孪生技术,构建电网数字孪生模型,实现物理与虚拟电网实时映射;引入边缘计算,将数据处理能力下沉到设备端,减少传输延迟。应用场景方面,拓展全域能源互联,整合多种能源形式。

加强分布式能源管理,实时监控和优化调度分布式能源;推动与智慧城市、智能交通融合,协同管理相关设施;助力灾害应急与韧性电网建设,快速定位故障和优化资源调度。生态系统构建上,打造开放共享平台生态,吸引多方参与。

普及用户侧能源管理,连接智能家居等设备提供个性化服务;促进跨行业协同创新,与多行业深度融合。在支持碳中和与可持续发展方面,高效接入清洁能源,推动能源结构转型;进行能效优化与碳足迹管理,降低能耗和碳排放;在偏远地区支持微电网和分布式能源建设。政策与标准化推动上,争取各国政府加大政策支持和资金投入,推动技术成熟并形成统一标准。

通过移动一张图的建设,技术突破带来的成效显著,更精准的数据采集和传输以及实时映射将大幅提升电网实时监控能力,使电网运行状态尽在掌握;AI 和 ML 的应用推动电网从"被动响应"转变为"主动预防",降低故障发生概率，提高供电可靠性。应用场景拓展方面，全域能源互联和分布式能源管理提升能源利用效率，促进多能互补和能源互联网建设；与智慧城市、智能交通融合推动城市能源系统智能化，提升城市生活品质；灾害应急时能快速恢复供电，增强电网抗灾能力。生态系统构建成果斐然，开放平台吸引众多参与者，形成以电网为核心的能源生态系统，促进创新发展；用户侧能源管理帮助用户优化用电行为，降低成本；跨行业协同创新催生新商业模式和应用场景。在碳中和与可持续发展上，高效接入清洁能源助力能源结构绿色低碳转型；能效优化和碳足迹管理减少碳排放，助力实现碳中和目标；偏远地区能源建设提升能源服务公平性和可及性。政策与标准化推动下，技术研发和应用加速，统一标准有利于国际推广，最终"移动电网一张图"将成为能源数字化转型核心工具，推动电网智能化、绿色化、协同化发展，为全球可持续发展提供有力支持。